EINS, ZWEI, DREI ...

Zuckerfrei!

Ausgewogen genießen ohne raffinierten Zucker:
Ernährungstipps, Heißhunger vermeiden,
abnehmen und Energie steigern.

GERDA „COCO“ CASTRO UND MELANIE AURICH

INHALT

* Die so gekennzeichneten Abschnitte enthalten Rezepte, siehe Rezeptregister auf Seite 168.

„Zuckerfrei leben und sich den Alltag mit Soulfood versüßen"

DEIN MINDSET

Der erste Schritt ist immer der schwerste. Du hältst bereits dieses Buch in deinen Händen, somit ist dieser Step geschafft. Vielleicht ist es dein erster Versuch, vielleicht hast du es schon mal gewagt. Ganz egal, wo du gerade stehst: Jeder Tag ist ein neuer Tag und eine neue Chance, dein Leben zu ändern. In unserem Buch geht es um gesundes Naschen, so clean wie möglich, mit vollwertigen Zutaten. Gesund leben und sich den Alltag versüßen: Du kannst auf Zucker verzichten und dir selbst etwas Gutes tun. Du selbst weißt, dass du auf Zucker verzichten möchtest. Zwar können wir dir die Umstellung nicht abnehmen, aber wir können dir bei deinem Mindset helfen – denn das ist die Basis für den Schritt in ein zuckerfreies Leben. Wenn du deine Entscheidung getroffen hast und daran glaubst, dann wirst du es schaffen! Jede Reise beginnt mit dem ersten Schritt und wir wollen dir zuerst von unserer Reise erzählen.

COCO

Ganzheitliche Ernährungsberaterin

Vor vielen Jahren kam ich an einen Punkt, wo mir meine Gesundheit einen Streich spielte und ich von heute auf morgen gezwungen war, mein Leben und insbesondere meine Ernährung zu überdenken und drastisch umzukrempeln. Schnell wurde mir bewusst, dass es nicht mit einer Hand voll Walnüsse am Tag oder mal hin und wieder einer heißen Zitrone getan war. Ich legte es darauf an und entschied mich für eine vollwertige, gesunde, rein pflanzliche und zunächst auch vorwiegend glutenfreie Ernährung. Sie gab mir so viel Lebensqualität wie noch nie zu vor! Ich überwand meine Migräne, Sonnenallergie, Schilddrüsenprobleme und die aller schlimmsten Darmunregelmäßigkeiten. Als ich mich weiter mit der Thematik beschäftigte, wurde mir schnell bewusst, dass auch Zucker nichts auf meinem Speiseplan zu suchen hat. So verabschiedete ich ihn bald aus meiner Küche und setzte fortan auf hochwertige Alternativen.
Nur die Recherche allein reichte mir nicht, so entschied ich mich 2017 für eine berufsbegleitende Ausbildung zur ganzheitlichen Ernährungsberaterin. Dadurch erweiterte ich mein Wissen um ein Vielfaches und kann es nun auch weitergeben: in Form von ganz individuellen Coachings. Doch eines ist für mich besonders wichtig: Eine gesunde Ernährung beinhaltet nicht nur Salat und ein wenig Getreide – das "Sündigen" gehört genauso dazu, aber auf ganz gesunde Weise und ohne Verzicht und ohne Reue! Ich liebe es, mir mit gesundem Soulfood den Alltag zu versüßen: rein pflanzlich, mit vollwertigem Getreide und rein zuckerfrei. Seither teile ich auf meinem Blog chsweetcoco.com und Social Media leckerste Rezepte und Inspirationen und mein Wissen rund um ein ganzheitlich gesundes Leben.

Vor allem auch als Mama sehe ich meine Verantwortung darin, Vorbild zu sein. Meine kleine Maus begleitet mich von morgens bis abends und ich möchte ihr nicht irgendetwas verbieten oder vorenthalten, sondern zeigen, dass man schlemmen und es sich gut gehen lassen kann, aber eben ganz gesund! Das, was mir guttut, soll sie kennenlernen und von Anfang an eine gesunde, ausgewogene Ernährung erfahren. So genießen wir gern gesunde Leckereien und haben kein schlechtes Gewissen! Mit einem Schokokuchen gesunde Vitalstoffe aufnehmen? Warum nicht! Gesund und lecker schließen sich nicht aus, sondern lassen sich gut miteinander verbinden!

Ich setze gern auf die 80:20-Regel – denn Perfektion ist auch nicht gesund, Balance ist der Schlüssel! Besonders, wenn ich unterwegs bin, mache ich gern mal Ausnahmen, ohne schlechtes Gewissen und ganz undogmatisch. Ernährung soll Spaß machen und strenge Verbote haben in der Ernährung nichts verloren. Ich denke: Eine gesunde, vollwertige, zuckerfreie Ernährung ist die halbe Miete, und die kleinen Ausnahmen fallen dann auch nicht ins Gewicht. Je gesünder, desto besser – aber ganz entspannt und genussvoll, denn Ernährung soll Spaß machen!

Hey, ich bin Mel. Ich begeistere mich für vegane Ernährung, Fitness, Reisen und die Natur. Lange Zeit habe ich mich nicht sonderlich bewusst ernährt. Toastbrot mit Wurst, jede Menge Käse und Süßigkeiten waren mein Alltag, ohne groß darüber nachzudenken. Doch mit dem Beginn meines Studiums im Fachbereich Ernährungswissenschaften im Jahr 2005 begann ich mich verstärkt mit dem Thema Ernährung auseinanderzusetzen. Dabei änderte sich auch mein Blick auf Lebensmittel und die Art und Weise, mich zu ernähren. Zuerst fing ich an, auf eine vegetarische Ernährung umzustellen, weil ich einfach das Bedürfnis verspürte, weniger Fleisch zu essen – als ich schließlich an einen Punkt kam, an dem ich mir vorstellen konnte, auch mal eine vegane Ernährungsweise zu probieren. Ich hatte zu der Zeit häufiger mit einem Blähbauch zu kämpfen und den Verdacht, dass ich auf Milchprodukte reagiere. Deswegen wollte ich testen, ob der Verzicht darauf mein Befinden verbessern würde. Außerdem war ich einfach neugierig, welche alternativen Küchen dann auf mich warten würden. Die körperlichen Beschwerden verschwanden und mir war schnell klar, wie eng Ernährung und körperliches Wohlbefinden zusammenhängen. Ein Zurück war für mich nun keine Option mehr und meine Leidenschaft für das Thema war geweckt. Inspiriert durch Foodblogs, Social Media und vegane Kochbücher, begann ich schrittweise eine Umstellung auf ein zuckerfreies Leben.
Heute kann ich es mir nicht mehr anders vorstellen. Ich vermisse nichts. Ich liebe es, mich pflanzenbasiert, nachhaltig, vollwertig und zuckerfrei zu ernähren.

MEL

Diplom-Ernährungswissenschaftlerin

WAS BEDEUTET ZUCKERFREI FÜR MICH?

Zuckerfrei hat keine klare Definition.Jeder entscheidet selbst für sich, wie strikt er/sie das Thema angehen will. In meinem Fall distanziere ich mich klar vom Haushaltszucker in meiner Küche. Das heißt, ich nutze ihn nicht mehr zum Backen oder Süßen meiner Speisen. Stattdessen verwende ich aber in Maßen andere alternative, nährstoffreiche Süßungsmittel wie Datteln, Dattelsirup, Ahornsirup oder Kokosblütenzucker. Außerdem vermeide ich es, Produkte zu kaufen, denen Zucker zugesetzt wurde. So esse ich viel weniger Süßes als früher.

Ich habe es geschafft, mir dieses Verlangen nach Süßem abzugewöhnen. Heute brauche ich nicht mehr zwingend ein süßes Dessert am Abend oder ein Eis an heißen Sommertagen. Ich verbiete mir nichts. Wenn ich Lust darauf habe, dann greife ich zu – ohne schlechtes Gewissen! Mein Verlangen danach ist einfach gesunken.

UND UNTERWEGS?

Ich gehe keinen 100%-Weg. Bei Familienfeiern steuere ich gern eine eigene vegane und zuckerfreie Kuchenkreation bei, esse aber auch mal ein Stück vom Rest der Kuchentafel. So handhabe ich es am liebsten. Kein Ganz-oder-gar-nicht-Denken, sondern ein entspannter Umgang und ein schrittweiser Weg in ein zuckerfreies Leben.

WARUM ZUCKERFREI?

In Deutschland werden durchschnittlich jedes Jahr ca. 35 kg Zucker pro Person verzehrt. Das sind 95 g täglich (Stand 2017/2018). Empfohlen werden von der WHO (Weltgesundheitsorganisation) bzw. der DGE (Deutsche Gesellschaft für Ernährung) jedoch 25 bis maximal 50 g am Tag. Die Rede ist hier ausschließlich von unserem weißen Haushaltszucker. Dieser Wert gibt das Maximum an: So viel sollte man maximal verzehren, weil es ab 50 g wirklich nicht mehr gesund ist. Die Frage ist: Brauchen wir Zucker überhaupt?

Ein zu hoher Zuckerkonsum kann sich in vielerlei Hinsicht negativ auf unseren Körper auswirken. Er kann dazu führen, dass wir uns schlaff, müde, antriebs- oder energielos fühlen. Zum anderen kann zu viel Zucker zu Übergewicht führen und so langfristige Krankheiten wie Diabetes Typ 2, Karies oder Herz-Kreislauf-Erkrankungen begünstigen. Außerdem wirkt sich zu viel Zucker schädlich auf unsere Darmbakterien aus, indem er das Gleichgewicht der Darmflora durcheinanderbringt. Als Folge davon können unser Immunsystem geschwächt, unser Alterungsprozess beschleunigt, unser Hautbild und unsere Grundstimmung verschlechtert sein.

Das Problem am Haushaltszucker ist außerdem, dass er keinerlei Nährstoffe enthält. Das einzige, was wir durch ihn aufnehmen, sind Kalorien – und eben süßen Geschmack. Nun ist es so, dass jeder Mensch täglich eine gewisse Menge an Kalorien essen sollte, um zu überleben und seinen Körper leistungsfähig zu halten. Wie wir diese Kalorienmenge erreichen, ist uns selbst überlassen. Man kann den Körper füllen mit „leeren" Kalorien wie z. B. Zucker, oder aber mit hochwertigen Lebensmitteln wie Gemüse, Obst, Nüssen uvm. Allerdings braucht ein gesunder Körper weit mehr als nur Kalorien. Er benötigt wichtige Mineralstoffe und Vitamine. All das liefert uns ein Gericht voller Zucker nicht. Das bedeutet also: Wir bleiben zwar am Leben, aber laufen auf Sparflamme, was unsere volle Leistungsfähigkeit angeht.

Angenommen du isst einen Apfel, der zwar Fruchtzucker enthält, oder die gleiche Menge an Kalorien in Form von reinem Zucker? Welches Lebensmittel wird deinem Körper mehr Leistung schenken? Richtig, der Apfel. Weil er eben voll ist mit wichtigen Nährstoffen und nicht bloß Kalorien liefert.

Als würdest du in ein Feuer ständig Benzin schütten und es damit volle Pulle lodern lassen, aber kein Holz, was es dauerhaft am Brennen hält.

GUTE GRÜNDE, AUF ZUCKER ZU VERZICHTEN

1. VITALITÄT STEIGERN

Wenn du ständig zu zuckerhaltigen Lebensmitteln greifst, liefern diese dir sofort Energie. Dein Blutzuckerspiegel steigt schnell an. Jedoch fällt er auch genauso schnell wieder ab. Dadurch kommst du in ein Energiedefizit, wirst müde und antriebslos. Die Folge ist meist, dass direkt wieder zuckerhaltige Lebensmittel gegessen werden. Ein Teufelskreis. Um daraus auszutreten, braucht es eine vollwertige, ballaststoffreiche Ernährung mit Nährstoffen. So wirst du dich fitter und vitaler fühlen!

2. GESCHMACK SENSIBILISIEREN

Deine Geschmacksnerven werden sich durch den Zuckerverzicht umgewöhnen.

Irgendwann werden dir überzuckerte Lebensmittel viel zu süß sein. Stattdessen wird dir frisches Obst die gleiche Befriedigung bieten, die dir früher Süßigkeiten gegeben haben.

3. HEIẞHUNGER REDUZIEREN

Ein hoher Zuckerkonsum führt zu einem ständig schwankenden Blutzuckerspiegel. Dadurch entsteht Heißhunger. Hast du es einmal geschafft, diese Blutzuckerschwankungen zu überwinden, wirst du weniger Heißhunger verspüren und dein natürliches Hungergefühl zurückbekommen! Mehr dazu kannst du im Kapitel „Wie entsteht (Heiß)Hunger“ nachlesen.

4. SINNE SCHÄRFEN

Es heißt: Zucker soll die Synapsen im Gehirn verlangsamen. Das verschlechtert dein Erinnerungsvermögen und dein Gedächtnis. Es besteht sogar der Verdacht, dass ein hoher Zuckerverzehr zu Alzheimer führen könnte. Außerdem wird deine Konzentration beeinträchtigt, indem Zucker die Kommunikation deiner Nervenzellen beeinflusst. Hast du es einmal geschafft, Zucker vom Speiseplan zu streichen, wirst du dies auch sichtlich „spüren“!

5. HAUTBILD VERBESSERN

Ein ständiger Zuckerkonsum bewirkt ständige Insulinschwankungen. Das kann zu einer erhöhten Aktivität der Talgdrüsen führen. Wenn diese verstopfen, kommt es zu Pickeln und Unreinheiten, im schlimmsten Fall sogar zu Akne. Wenn du es schaffst, aus der Zuckerspirale auszutreten, wird sich auch deine Haut sichtlich verbessern!

6. ERKRANKUNGEN VORBEUGEN

Ein dauerhaft hoher Zuckerkonsum kann weitreichende Folgen haben. Zucker kann Übergewicht fördern und Erkrankungen wie Diabetes Typ 2, Herz-Kreislauf-Erkrankungen, Bluthochdruck und Karies begünstigen. Streichst du ihn vom Speiseplan, kannst du deinen Körper nachhaltig vor solchen chronischen Erkrankungen schützen!

7. ALTERUNG VERLANGSAMEN

Die Alterung ist zum Großteil genetisch bedingt. Es gibt jedoch äußere Faktoren, die diesen Alterungsprozess beschleunigen können. Dazu gehören Alkohol, Nikotin, Stress, zu viel Sonneneinstrahlung und auch Zucker. Die Proteine Kollagen und Elastin, die für ein straffes Hautbild verantwortlich sind, verbinden sich mit dem Zucker. Wenn du diesen Prozess unterbindest, wird deine Haut geschmeidiger, weicher und elastisch. So können Falten oder Cellulite vermieden werden.

Auf Zucker zu verzichten ist eine Sache. Um all diese Vorteile zu bekommen, solltest du aber insgesamt auf eine gesunde und vollwertige Ernährung achten. Die Basis dafür sind Gemüse, Obst, vollwertiges Getreide, Hülsenfrüchte, gesunde Fette und viel Wasser.

8. ZAHNGESUNDHEIT OPTIMIEREN

Zucker ist die perfekte Grundlage für Karies. Wenn du häufig zuckerhaltige Lebensmittel isst, verbleibt der Zucker in deinem Mund und es entstehen Säuren. Diese greifen deinen Zahnschmelz an und können zu Karies führen. Eine zuckerfreie Ernährung wird also auch deine Zähne sehr freuen!

9. GEWICHTSVERLUST FÖRDERN

Zucker liefert viele Kalorien. Da er keinerlei Nährstoffe enthält, spricht man auch von „leeren Kalorien“: Kalorien ohne zusätzliche Inhaltsstoffe, die deinem Körper nützen könnten. Dein Körper verlangt nach gesunden Nährstoffen und wird dir so lange Hungersignale schicken, bis sein Bedürfnis gestillt wurde. Wenn du diese Signale falsch deutest und immer wieder zu zuckerhaltigen Lebensmitteln greifst, nimmst du immer mehr „leere Kalorien“ auf. Verzichtest du auf Zucker und ernährst dich stattdessen gesund und vollwertig mit viel Obst und Gemüse, kannst du dabei sogar Gewicht verlieren.

10. VERDAUUNG UNTERSTÜTZEN

Durch einen zu hohen Zuckerkonsum kann deine Darmflora aus dem Gleichgewicht geraten. Denn Zucker ist die Nahrungsgrundlage für ungesunde Darmbakterien. Die Folgen sind Blähungen, Durchfall oder Verstopfung. Eine zuckerfreie Ernährung verbessert nachhaltig die Verdauung und sorgt für mehr Wohlbefinden. Mehr dazu im Kapitel „Zucker und Darmflora“.

DIE LEBENSMITTELINDUSTRIE

Die Lebensmittelindustrie liebt Zucker: Fast überall wird er zugesetzt. Häufig versteckt er sich unter einem anderen Namen. Dazu mehr im Kapitel „Zucker hat viele Namen".
Aber warum ist das so? Warum enthält selbst eine Pizza Zucker?
Das hat gleich mehrere Gründe. Zum einen ist er ein „Süchtigmacher". Auf seine Wirkung im Gehirn gehen wir später noch genauer ein. Er ist zudem ein Geschmacksträger und Konservierungsstoff, der lange Lagerzeiten der Lebensmittel geschmackvoll überstehen lässt. Vielen Lebensmittel verleiht Zucker die entsprechende Textur, Cremigkeit oder die braune Färbung beim Backen. Und natürlich nicht zu verachten ist der Preis. Zucker ist im Gegensatz zu alternativen Süßungsmitteln viel günstiger. Häufig ist er deshalb in viel zu großen Mengen den Lebensmitteln zugesetzt.

Was macht Zucker so attraktiv – ein Überblick:

- Geschmacksträger
- Konservierungsstoff/längere Haltbarkeit
- sehr preisgünstig
- verleiht eine cremige Konsistenz
- steigert das Verlangen nach mehr

DIE ZUCKERSTEUER

Derzeit liegen wir mit einem Verzehr von etwa 95 g Zucker pro Tag deutlich über den Empfehlungen der WHO. Es wird schon länger über die Einführung einer Zuckersteuer diskutiert. Diese hat in Ländern wie Großbritannien, Mexiko und Norwegen bereits gute Erfolge erzielt. In Deutschland jedoch warten wir darauf bisher vergebens. Die Zuckersteuer würde bewirken, dass Lebensmittel mit einem hohen Zuckeranteil versteuert und somit teurer werden würden. Steuern verändern nachweislich das Kaufverhalten. Wir sollen dazu verleitet werden, Produkte zu kaufen, die weniger Zucker enthalten, weil diese dann günstiger sind als die zuckerhaltigen.

Bisher wird in Deutschland jedoch nur an die Vernunft der Menschen appelliert, freiwillig weniger zuckerhaltige Nahrungsmittel zu kaufen. Außerdem setzt man darauf, dass Hersteller den Zuckergehalt ihrer Produkte aus freien Stücken senken. Wir müssen also lernen, selbst Verantwortung zu übernehmen, und unseren Zuckerkonsum senken.

WOHER KOMMT DAS VERLANGEN NACH ZUCKER?

Evolutionär betrachtet ist unser Körper darauf aus, schnell Energie zu bekommen. Die Jäger und Sammler von vor Millionen von Jahren hatten keinen Kühlschrank oder eine Vorratskammer. Der Mensch hat sich zu dieser Zeit komplett auf seinen Geschmackssinn verlassen. Denn süße Nahrung ist in der Natur unbedenklich und nicht giftig. Das bedeutet, wann immer es zuckerhaltige Lebensmittel gab (damals vor allem Obst), wurde sofort zugeschlagen ohne Ende. Süße Nahrung bedeutete Überleben. Schon Babys werden durch die süß schmeckende Muttermilch an diese Geschmacksrichtung gewöhnt: Süße erinnert an das, was uns die Mama von Anfang an mit ganz viel Wärme und Liebe gegeben hat. Unsere Gene von heute entsprechen noch denen der Menschen von damals und so verlangt unser Körper gern nach schnell verfügbaren Kohlenhydraten, um schnell Energie zu bekommen. Allerdings ist das heutzutage und in unserer Region zum Glück nicht mehr erforderlich, denn Essen gibt es an jeder Straßenecke, aber das wissen unsere Gene nicht.

Der menschliche Körper ist also darauf programmiert, nach Süßem zu verlangen, um möglichst schnell Energie zu erzeugen und zu überleben. Hinzu kommt in der heutigen Zeit in vielen Fällen die Erziehung und unser damit erlerntes Verhalten. Wenn man als Kleinkind ständig Süßigkeiten zugesteckt bekommt oder sie als Belohnung oder Trost angewendet werden, konditioniert das. So werden Süßigkeiten schnell zu einem festen Bestandteil des Alltags. Oft ist es das, was über Generationen gelebt wurde: der Kuchen zum Geburtstag, die Plätzchen zu Weihnachten, die Zuckertüte zur Schuleinführung oder Schokoladeneier zu Ostern. So gilt Zucker als selbstverständlich und bekommt nicht nur eine wichtige Stellung in unserem Leben, sondern wir verbinden ganz unterbewusst viele positive Eigenschaften mit ihm. Sich von diesen Gewohnheiten zu befreien, wird dann im Erwachsenenalter umso schwerer. Leider sind es auch die Supermärkte, die mit überfüllten Regalen trumpfen. Immer wieder kommen neue leckere Kreationen auf den Markt für jeden Anlass: Kekse, Riegel usw. Besonders hier in Deutschland leben wir sehr im Überfluss. Aber bevor wir schauen, wie du aus dieser Zuckersucht wieder herauskommst, wollen wir dir erst mal einen Überblick geben, was genau Zucker ist und was er in unserem Körper macht.

WAS IST ZUCKER?

Zucker ist ein süß schmeckender, kristalliner Stoff. In einem Gramm Zucker sind 4 Kalorien enthalten. Zucker wird aus Zuckerrohr oder der Zuckerrübe gewonnen. In der Pflanze wird der Zucker mittels Photosynthese gebildet.

Zuckergewinnung am Beispiel der Zuckerrübe: Die Zuckerrüben werden zuerst zerkleinert, und anschließend wird der Zucker durch heißes Wasser aus der Rübe gelöst. Dabei entsteht ein sogenannter Rohsaft. Bevor dieser kristallisiert werden kann, müssen zuerst noch durch verschiedene Verfahren alle unerwünschten Stoffe aus dem Rohsaft entfernt werden.

Der entstandene gereinigte Saft wird nun in einer Verdampfstation eingedickt. Anschließend wird durch mehrfaches Kristallisieren bei erhöhten Temperaturen und mittels Unterdruck brauner Zucker gewonnen. Bei der darauffolgenden Raffination wird dieser dann zu weißem Zucker entfärbt.

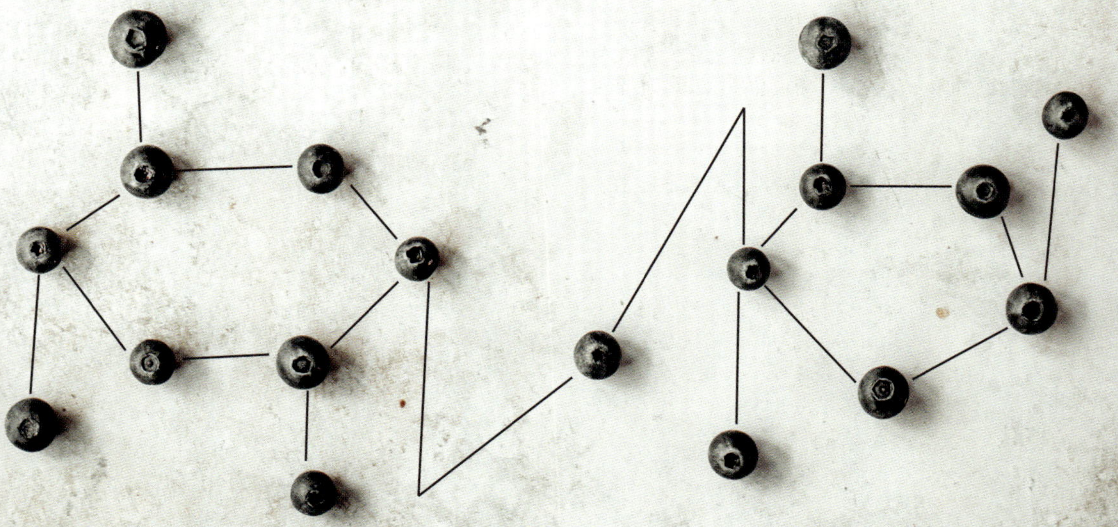

BIOCHEMIE

Zucker gehört zur Oberkategorie der Kohlenhydrate. Hierbei unterscheidet man zwischen Einfach-, Zweifach-, Vielfach- und Mehrfachzucker (Mono-, Di-, Oligo- und Polysaccharide). Das sagt aus, aus wie vielen Molekülen das Kohlenhydrat besteht. Je mehr Moleküle es sind, desto aufwendiger wird es, während des Verdauungsprozesses das Kohlenhydrat in seine einzelnen Moleküle aufzuspalten und so verdauen zu können.

Glucose und Fructose sind Einfachzucker. Wenn sich diese beiden Moleküle miteinander verbinden, entsteht unser Haushaltszucker, auch Saccharose genannt, ein Zweifachzucker (Disaccharid).

Wenn sich immer mehr Einfachzuckermoleküle aneinanderketten, entsteht schließlich ein Mehrfachzucker (Polysaccharid), wie z. B. Stärke.

DIE UNTERTEILUNG DER KOHLENHYDRATE

Kohlenhydrate sind wichtige Energielieferanten für unseren Körper. Sie bestehen aus einzelnen Zuckermolekülen, die sich aneinanderreihen können.

Man unterscheidet sie anhand der Anzahl ihrer Moleküle. Einfachzucker bestehen aus einem, Zweifachzucker aus zwei Molekülen usw.

Kohlenhydrate sind in vielen Lebensmitteln enthalten, in manchen davon in sehr hoher Menge. Diese werden als gute Kohlenhydratlieferanten bezeichnet. Dazu gehören Reis, Hülsenfrüchte, Brot, Nudeln und alle weiteren Getreideprodukte.

Die Kohlenhydrate unterteilt man in folgende Gruppen:

EINFACHZUCKER:

Wie bereits erwähnt, gehört Glucose zu den Einfachzuckern (Monosacchariden). Doch es gibt noch mehr Einfachzucker. Die wichtigsten sollen hier kurz erklärt werden.

FRUCTOSE: auch als Fruchtzucker bezeichnet, kommt in der Natur in Obst und Honig vor. Fructose ist der süßeste Zucker und wird in der Leber zu Glucose umgewandelt oder direkt als Fett gespeichert.
Im Obst ist Fructose stets an Ballaststoffe gebunden. Durch diese Bindung wird der Fruchtzucker langsam nach und nach ins Blut übergeben. Mehr dazu im Kapitel „Zuckermythen aufgedeckt“.

GALACTOSE: ist hauptsächlich in Milch und Milchprodukten, Obst und Hülsenfrüchten zu finden. Die Galactose ist am Aufbau von Schleimhäuten im Körper beteiligt und liegt in der Natur nicht in freier Form vor. In Verbindung mit Glucose entsteht Milchzucker-Lactose. Galactose kann ohne das Hormon Insulin in die Zellen gelangen und dort zu Glucose umgebaut werden.

ZWEIFACHZUCKER:

Die bereits erwähnte Saccharose entsteht, wenn sich die zwei Einfachzucker Glucose und Fructose zusammenschließen. Aber es gibt noch mehr Kombinationsmöglichkeiten der Einfachzucker, die zu anderen Zweifachzuckerarten führen. Die beiden wichtigsten sind hier kurz erklärt.

LACTOSE: auch Milchzucker genannt, ist, wie der Name bereits sagt, Bestandteil von Milch und Milchprodukten. Lactose entsteht, wenn sich ein Glucose- und ein Galactose-Molekül verbinden. Zur Spaltung benötigt der Körper das Enzym Lactase. Dieses wird insbesondere im Säuglingsalter gebraucht, wenn lactosehaltige Muttermilch die einzige Nahrungsquelle ist. Später nimmt die Aktivität der Lactase ab und es kann bei Erwachsenen zu Unverträglichkeiten kommen.

Bei einer Unverträglichkeit bleibt die Lactose unverdaut und gelangt so in den Dickdarm, wo sie durch die Bakterien vergoren wird. Das kann zu Blähungen und Durchfällen führen.

MALTOSE: auch Malzzucker genannt, entsteht, wenn Stärke abgebaut wird, zum Beispiel beim Brauen von Bier.

Maltose besteht aus zwei Glucose-Molekülen. Besonders in Gerste und Kartoffeln ist sie enthalten. Der glykämische Index ist viel höher als der von Haushaltszucker. Malzzucker ist dickflüssig und wird deswegen in der Lebensmittelindustrie gern zum Andicken benutzt.

MEHRFACHZUCKER:

Auch Oligosaccharide genannt, sind Verbindungen aus drei bis maximal neun Einfachzucker-Molekülen. Ein Vertreter der Mehrfachzucker ist beispielsweise die Raffinose.

RAFFINOSE: kommt besonders in Hülsenfrüchten wie Erbsen und Bohnen vor und sammelt sich bei der Zuckerherstellung in der Melasse. Raffinose besteht aus Galactose, Glucose und Fructose.

VIELFACHZUCKER:

Auch Polysaccharide genannt, bestehen aus zehn und mehr miteinander verbundenen Einfachzucker-Molekülen. Der wohl bekannteste Vertreter ist die Stärke.

STÄRKE: ist das wohl wichtigste Nahrungskohlenhydrat und wird hauptsächlich aus Kartoffeln und Getreide gewonnen. Stärke ist wasserunlöslich und besteht aus vielen aneinander geketteten Glucose-Molekülen. Zur Spaltung wird das Enzym Amylase benötigt. Amylase ist bereits im Mund vorhanden und beginnt schon dort mit der Verdauung der Stärke. Deswegen schmeckt Brot auch irgendwann süß, wenn es sehr lange gekaut wird. Eine besondere Form der Stärke ist die resistente Stärke.

GLYCOGEN: wird bei einem Überangebot an Glucose im Körper aufgebaut und in Leber und Muskelzellen gespeichert. Dort steht es zur schnellen Energiebereitstellung zur Verfügung. Bei Bedarf wird dann das Glycogen wieder zu Glucose abgebaut.

Resistente Stärke entsteht, wenn du Wurzelgemüse wie z. B. Kartoffeln nach dem Kochen abkühlen lässt. Diese kann nicht verdaut werden und wirkt im Darm ähnlich wie Ballaststoffe.

Zusatzinfo: *Agar-Agar ist ein Vielfachzucker und wird beim veganen Backen als Bindemittel eingesetzt. Agar-Agar braucht es für unsere leckere Tarte. Das Rezept findest du auf Seite 134!*

WIE WIRKT ZUCKER IN UNSEREM KÖRPER?

Was passiert, wenn wir unserem Körper Zucker zuführen?

Zucker ist ein schneller Energielieferant. Unser Körper benötigt ihn, um all seine Prozesse wie Laufen, Atmen, Bewegen oder Denken zu realisieren. Dafür ist es also notwendig, Glucose aus dem, was wir essen, zu produzieren. Im Falle des Haushaltszuckers ist das sehr einfach, da er ja nur aus zwei Molekülen (Glucose und Fructose) besteht. Bei der Verdauung muss der Körper die gegessenen Kohlenhydrate in seine Einzelbestandteile, also Einfachzucker, zerlegen, weil nur diese Form von den Darmzellen aufgenommen werden kann. Dabei entsteht Glucose und diese wird anschließend über das Blut zur Leber transportiert und von dort aus in die Zellen verteilt.

Wenn der Zuckeranteil im Blut steigt, produziert die Bauchspeicheldrüse (Pankreas) das Hormon Insulin. Dieses ist dafür verantwortlich, dass der Zucker im Blut in die Zellen aufgenommen werden kann. Jede Zelle besitzt Insulinrezeptoren, an denen das Insulin andockt und die somit den Glucose-Einstrom ermöglichen. Insulin ist so eine Art Türöffner zwischen Glucose und Zelle.
In der Zelle angekommen, wird die Glucose direkt in Energie umgewandelt oder für eine spätere Energiebereitstellung in Leber und Muskeln als Glycogen gespeichert.

Zucker liefert uns Energie und enthält keinerlei essenzielle Nährstoffe. Er liefert uns „leere Kalorien“.

Einfachzucker (Monosaccharide):
Traubenzucker (Glucose), Fruchtzucker (Fructose), Galactose

Zweifachzucker (Disaccharide):
Haushaltszucker (Saccharose), Milchzucker (Lactose)

Mehrfachzucker (Polysaccharide):
Stärke

Kohlenhydrate werden demnach unterschiedlich schnell verdaut. Je komplexer ein Kohlenhydrat ist, wie z. B. ein Polysaccharid, desto länger dauert es, dieses im Darm in seine Einzelbestandteile aufzuspalten und ins Blut zu transportieren. Das erklärt den längeren Sättigungseffekt von Vollkornprodukten im Vergleich zu Schokoriegeln oder Weißbrot.

Vollkornprodukte enthalten sehr viele stark verzweigte Ketten, die nur sehr langsam aufgespalten werden. Da der Körper also eine längere Zeit braucht, um diese zu spalten, gelangt der Zucker sehr viel später ins Blut und wird auch erst später in die Zellen transportiert und umgewandelt. Durch diesen längeren Prozess wird auch das Insulin langsamer ausgeschüttet. Insulin aktiviert im Gehirn unser Sättigungszentrum. Wenn der gesamte Zucker im Blut verbraucht ist, sinkt auch der Insulinspiegel wieder ab und meldet dem Gehirn: Hunger.

Wie lange ein kohlenhydratreiches Lebensmittel uns satt macht, hängt von seinem glykämischen Index ab.

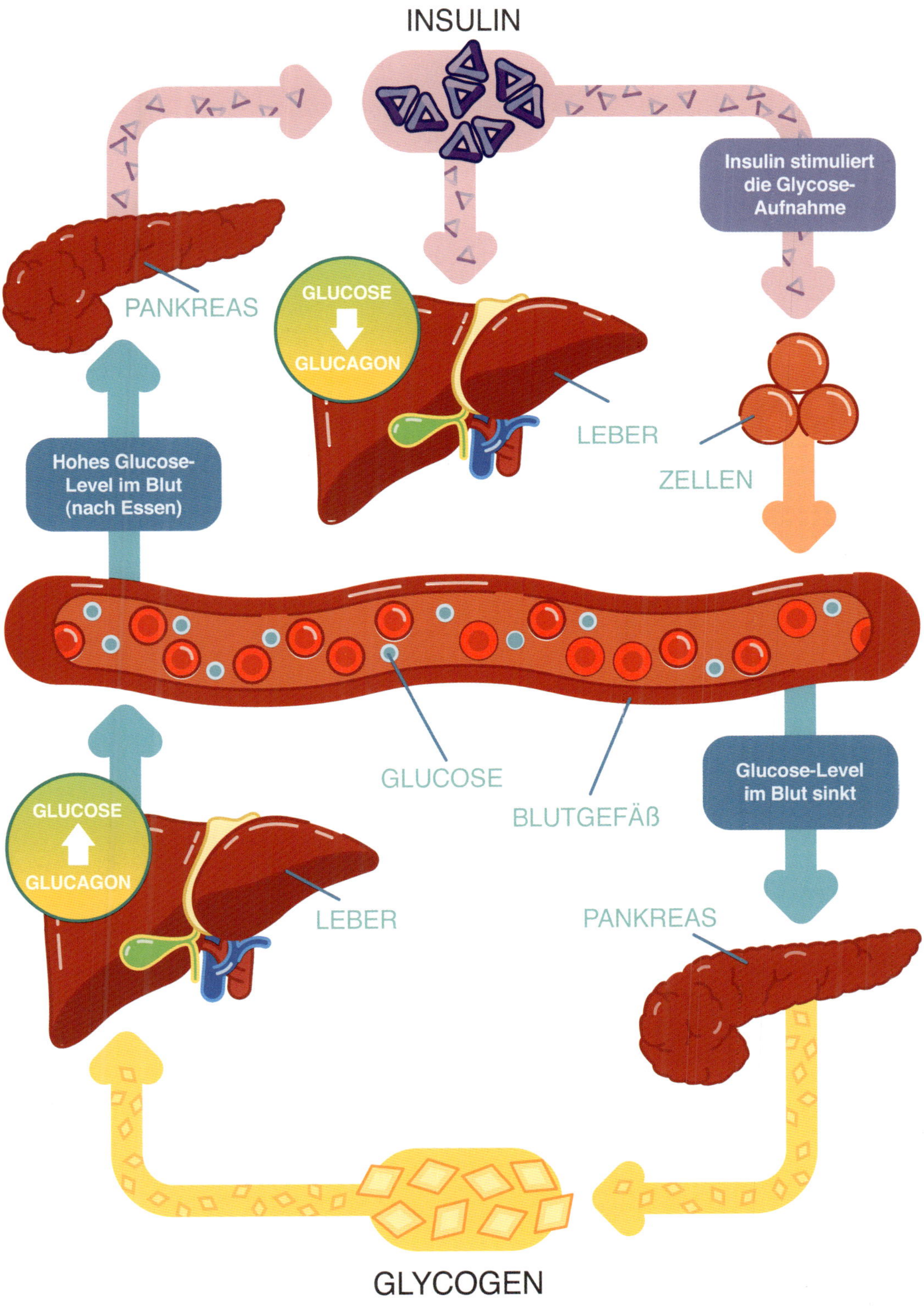
INSULIN
Insulin stimuliert die Glycose-Aufnahme
PANKREAS
GLUCOSE
GLUCAGON
LEBER
ZELLEN
Hohes Glucose-Level im Blut (nach Essen)
GLUCOSE
BLUTGEFÄß
Glucose-Level im Blut sinkt
GLUCOSE
GLUCAGON
LEBER
PANKREAS
GLYCOGEN

GLYKÄMISCHER INDEX UND SEINE LAST

Der glykämische Index (GI) gibt an, wie stark der Blutzuckerspiegel durch den Verzehr eines kohlenhydratreichen Lebensmittels steigt. Die Auswirkungen auf den Blutzuckerspiegel fallen dabei für jedes Lebensmittel unterschiedlich aus. Man unterscheidet Lebensmittel mit einem hohen oder einem niedrigen glykämischen Index.

Traubenzucker hat einen GI von 100 und gilt immer als Vergleichswert. Dieser Wert wird als hoch eingestuft. Das bedeutet, der Blutzuckerspiegel steigt nach dem Verzehr dieses Lebensmittels schnell an. Ein Problem des GI ist es, dass er die Blutzuckerreaktion nach dem Verzehr von 100 g Kohlenhydrate beschreibt und nicht die Reaktion auf 100 g gegessenes Lebensmittel. Jedes Lebensmittel besteht aus Kohlenhydraten, Fetten und Eiweiß in unterschiedlichen Anteilen.

Auch der Verarbeitungsgrad der Lebensmittel kann Auswirkungen auf den GI haben. Je stärker ein Lebensmittel verarbeitet ist, desto höher kann der GI sein.

Deswegen entsprechen 100 g eines Lebensmittels niemals 100 g aufgenommenen Kohlenhydraten. Besonders für Diabetiker ist der GI oft irreführend, weil er gesunde Lebensmittel als vermeintlich ungesund einstuft. So haben beispielweise 1 kg Karotten denselben Effekt auf den Blutzuckerspiegel wie 90 g Weißbrot. Aber wer isst schon 1 kg Karotten auf einmal? Wenn stattdessen nur 100 g Karotten verzehrt werden, tritt der hohe Anstieg nicht ein.

Ein Lebensmittel aus komplexen Kohlenhydraten und Ballaststoffen hat einen niedrigen GI. Auch fett- und proteinreiche Lebensmittel beeinflussen den GI positiv. Fazit: Wenn du deine Speisen clever kombinierst, steigt der Blutzucker nicht so schnell an!

DIE LÖSUNG:

Im Alltag besser anzuwenden ist die glykämische Last. Diese berücksichtigt zusätzlich die Kohlenhydratdichte eines Lebensmittels. Denn es hat nicht nur die Art der aufgenommenen Kohlenhydrate einen Einfluss auf den Blutzuckerspiegel, sondern auch die Menge.

Konkret erklärt bedeutet das, dass 100 g Obst oder Gemüse viel weniger Kohlenhydrate enthalten als beispielsweise 100 g Brot. Wenn wir 100 g Wassermelone essen oder 100 g Weißbrot, dann steigt der Blutzuckerspiegel beim Verzehr der Wassermelone viel weniger an als beim Brot. Beide Lebensmittel haben einen ähnlichen GI. Jedoch enthalten 100 g Wassermelone nur 8 g Kohlenhydrate und 100 g Weißbrot 49 g Kohlenhydrate. Ganz klar, dass dann die Wirkung auf den Blutzuckerspiegel verschieden ausfällt.

GLYKÄMISCHE LAST AUF 100 G LEBENSMITTEL:

NIEDRIG	MITTEL	HOCH
Nüsse	Vollkornreis	Haushaltszucker
Spinat	Bananen	Cornflakes
Zuccini	Pumpernickel	Brot
Pfirsich	Kartoffeln	Weißer Reis
Linsen	Datteln	Pommes frites
Bohnen	Mango	Gnocchi
Joghurt	Mais	Brezeln
Erdnüsse	Süßkartoffeln	Kürbis
Apfel	Honig	Rote Bete
Beeren	Haferflocken	Bier
Käse	Couscous	Kartoffelchips

DAS HUNGERGEFÜHL ENTSTEHT IM GEHIRN

Genauer: im Hypothalamus. Dort liegt die Steuerungszentrale für Hunger und Sättigung. Hier laufen alle Hungersignale aus dem Körper zusammen – und von hier werden auch die Hormone beispielsweise Leptin, Ghrelin und Inkretin (Stoffwechselhormone) ausgeschüttet, die ein Sättigungsgefühl oder Magenknurren auslösen. Ghrelin ist ein appetitanregendes Peptid, das in der Magenschleimhaut und der Bauchspeicheldrüse (Pankreas) produziert wird. Neben der Appetitanregung hat das Hormon eine Reihe anderer Wirkungen. Das Hormon Leptin wird von den Fettzellen ausgeschüttet, und zwar kontinuierlich, nicht erst bei der Nahrungsaufnahme.

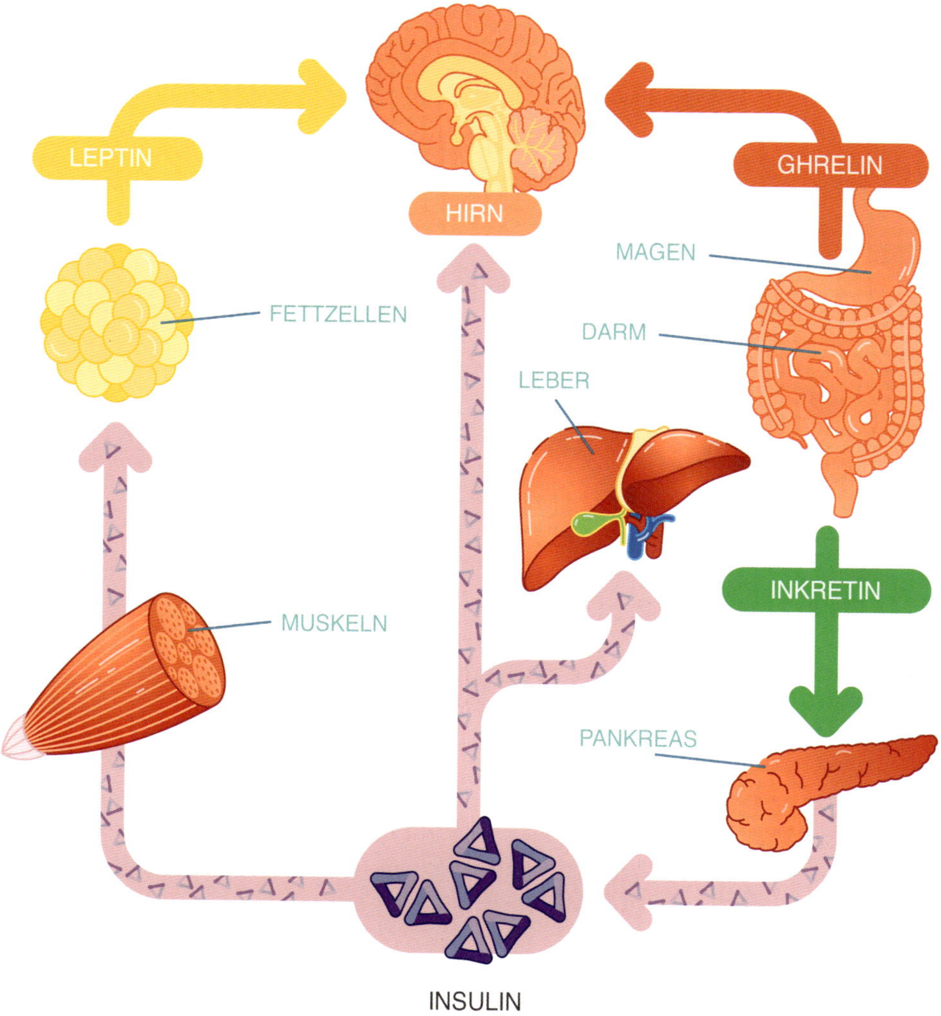

HIRNFORSCHUNG – WAS PASSIERT IM GEHIRN?

Zucker macht süchtig. Das ist leider die Wahrheit. Denn Zucker wirkt wie eine Droge, genauso wie Alkohol, Nikotin oder sogar Heroin. Verantwortlich dafür ist das Hormon Dopamin. Dopamin ist ein sogenannter Neurotransmitter und wird aufgrund seiner Wirkung auch als Glückshormon bezeichnet. Es wird ausgeschüttet, sobald wir etwas Süßes essen und es auf der Zungenspitze landet. Daraufhin geht direkt ein Signal ins Gehirn und es wird das Belohnungssystem aktiviert. Dopamin wird ausgeschüttet und wir fühlen uns gut. Sobald der Zucker im Körper wieder abgebaut wird, der Blutzuckerspiegel sinkt, bekommen wir den nächsten Jieper auf Süßes. Der Kreislauf beginnt von vorn und das Verlangen nach immer mehr Zucker ist eine Suchtreaktion. Es kostet jede Menge Kraft und Energie, gegen diese anzukämpfen.

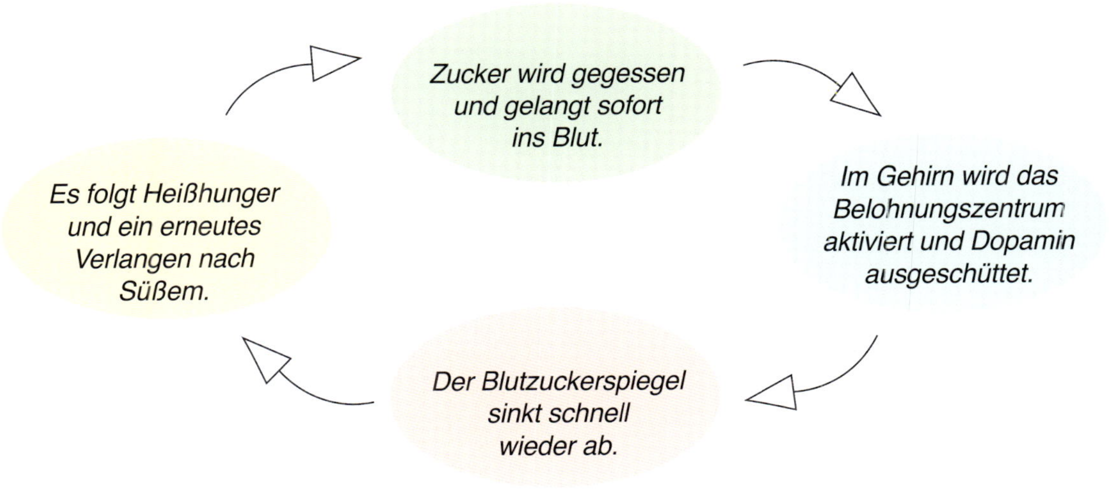

Das gefühlte Leistungshoch nach dem Verzehr zuckerhaltiger Lebensmittel ist leider eine Täuschung. Denn das darauffolgende Konzentrationstief ist ebenso eine Folge von zu viel Zucker. Kennst du das berühmte Mittagstief? Häufig eine Folge ungesunder Zutaten und zu vieler Kohlenhydrate in deinem Mittagessen.

Außerdem soll ein regelmäßiger Zuckerkonsum das Gehirn resistent gegen Insulin machen. In unserem Erinnerungsgedächtnis, dem Hippocampus, spielt das Insulin eine wichtige Rolle. Ein ständig hoher Zuckerkonsum verursacht auch einen ständig hohen Insulinspiegel. Dadurch kann es passieren, dass das Gehirn nicht mehr richtig auf die Signale anspricht und resistent gegen Insulin wird. Die Folge wäre eine schlechtere Gedächtnisleistung. Ganz bestätigt sind diese Erkenntnisse jedoch bisher nicht.

WIE ENTSTEHT HEIßHUNGER?

Hunger entsteht, wenn ein Mangel an Nahrung vorliegt. Das Hungergefühl stellt die Versorgung unseres Körpers mit Nährstoffen und Energie sicher. Für die Regulierung dieses Gefühls sind verschiedene Hormone verantwortlich. Hunger wird ausgelöst, wenn der Blutzuckerspiegel sinkt. Das zeigt dem Körper, dass möglichst bald neue Energie benötigt wird. Wird diese nicht in Form von Nahrung geliefert, dann nutzt der Körper seine Fettreserven und wandelt diese in Energie um, indem er sie abbaut. Dieser Prozess ist ganz natürlich und läuft täglich in unserem Körper ab. Wir essen etwas, die Nahrung wird verdaut, der Blutzuckerspiegel steigt, dann wird dieser wieder abgebaut und wir bekommen erneut Hunger. Aber was passiert, wenn wir diesen plötzlich auftretenden Heißhunger verspüren?

Unter Heißhunger versteht man das plötzlich auftretende, zügellose Verlangen nach süßem, salzigem oder fettigem Essen. Zuallererst solltest du verstehen, was es für deinen Körper bedeutet, wenn du diesen Drang verspürst. Heißhunger kann sehr viele Ursachen haben. Häufig ist er der Versuch deines Körpers dir zu sagen, dass ihm wichtige Nährstoffe fehlen. Diese sollst du ihm nun bitte ganz schnell liefern.

Leider haben die meisten Menschen verlernt zu spüren, was der Körper jetzt genau verlangt. Sie deuten dann Heißhunger als eine Aufforderung, schnell Energie zu beschaffen, egal in welcher Form. Das Resultat daraus ist meist, dass schnell verfügbare Zucker, wie Schokoriegel usw., gegessen werden. Du verspürst dann weiterhin ein Hungergefühl, weil du ja immer noch nicht die eigentlich geforderten Nährstoffe gegessen hast.

Heißhunger kann häufig die Folge einer Unterzuckerung sein. Diese entsteht, wenn der Blutzuckerspiegel schnell ansteigt und schnell wieder abfällt. Ausgelöst wird dieser An- und Abstieg durch die Aufnahme von schnell resorbierbaren Kohlenhydraten, also vor allem von zuckerhaltigen Lebensmitteln, süßen Getränken oder Weißmehlprodukten. Dadurch landest du schnell in einer Art Teufelskreis, denn wenn der Blutzuckerspiegel schnell wieder absinkt, dann willst du am liebsten direkt wieder zur Schokolade greifen und der Zyklus beginnt von vorn (siehe dazu auch die Grafik im Abschnitt „Hirnforschung").

Die Lust auf Süßes kann auch auf einen Mangel an Glückshormonen hindeuten. Besonders Frauen sind vor oder während der Periode davon betroffen und neigen in dieser Zeit häufig zu Heißhunger.

Anstatt auf Tipps zu hoffen, was du tun kannst, wenn du Heißhunger verspürst, solltest du lieber versuchen, ihn ganz zu vermeiden. Denn Heißhunger ist nicht normal, sondern die Folge eines ungesunden Lebensstils, falscher Ernährung, von zu viel Stress oder zu wenig Schlaf. Versuche lieber dort anzusetzen und etwas zu verändern. Heißhunger kann natürlich auch ganz andere Ursachen haben, z. B. eine Erkrankung. Dann ist in jedem Fall der Gang zum Arzt erforderlich.

BLEIB AUFMERKSAM!

Beobachte dich im Alltag. Wann genau tritt Heißhunger auf? Schau doch mal, wie lange deine letzte Mahlzeit her ist, und überlege dir, ob du wirklich schon wieder hungrig sein kannst oder ob es einen anderen Grund gibt? Wie sah deine letzte Mahlzeit aus, was hast du gegessen?

BEI AKUTEM HEIßHUNGER:

- Trinke ein großes Glas Wasser.
- Trinke einen grünen Smoothie.
- Greife besser zu gesunden Snacks anstatt zu normalen Süßigkeiten. (Tipps dafür findest du im Kapitel „gesunde Snacks".)
- Lenke dich ab (spazieren gehen, aufräumen, telefonieren ...).
- Lass ein Stück gefrorene Schokolade langsam auf deiner Zunge zergehen.

Ist es wirklich Hunger oder schreit dein Körper nach lebenswichtigen Nährstoffen?

TIPPS, UM HEIßHUNGER ZU VERMEIDEN:

- Lagere keine Süßigkeiten daheim.
- Ernähre dich gesund und ausgewogen (mit vielen Ballaststoffen, Obst und Gemüse).
- Iss regelmäßig (vermeide zu lange Essenspausen).
- Trinke genug und über den Tag verteilt (mindestens 1,5–2 Liter Wasser).
- Übe dich in Achtsamkeit. (Und frage dich: Was braucht mein Körper wirklich?)
- Bewege dich jeden Tag.
- Vermeide ständige Snacks, die wenig Energie liefern, wie Süßigkeiten oder Knabbereien.
- Achte auf ausreichend Schlaf.
- Versuche Stress zu minimieren.

ZUCKER UND DARMFLORA

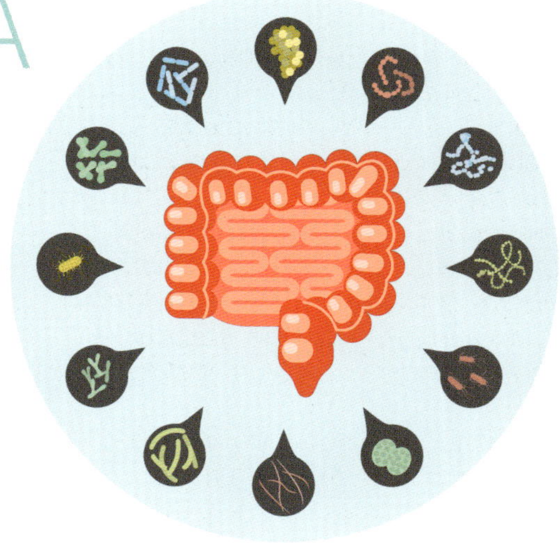

Die Darmflora, das sind Millionen von winzigen Mikroorganismen, die deinen Darm besiedeln. Eine gesunde Darmflora ist für deine allgemeine Gesundheit unabdingbar. Sie erledigt jede Menge Aufgaben, z. B. schützt sie deine Darmschleimhaut vor Krankheitserregern, verstoffwechselt deine Nahrung, bildet Vitamine, unterstützt eine gesunde Verdauung und dein Immunsystem. Die Darmflora kann sich durch verschiedene Faktoren verändern. Alkohol, Drogen, Antibiotika und andere Medikamente sowie eine ungesunde Ernährungsweise können sich negativ auswirken. Ein hoher Zuckerkonsum kann bereits nach wenigen Tagen negative Auswirkungen auf die Darmflora haben. Denn Zucker füttert ungesunde Darmbakterien und Pilze. Diese vermehren sich und führen zu einem Ungleichgewicht. Das kann weitreichende Folgen haben. Von Bauchschmerzen, Blähungen oder Durchfall bis hin zu einem geschwächten Immunsystem, einem durchlässigen Darm (Leaky-Gut-Syndrom) oder einer erhöhten Anfälligkeit für Infektionen ist alles möglich.

CANDIDA ALBICANS

Candida albicans ist ein Hefepilz. Er ist bei vielen gesunden Menschen im Darm vorhanden. Er schadet erst, wenn er in einer zu hohen Konzentration vorliegt. Das passiert, wenn bereits eine gestörte Darmflora oder ein geschwächtes Immunsystem vorliegen. Dann kommt es zu einer Erkrankung, die man Kandidose nennt. Wenn sich der Pilz ausbreitet, befällt er meist die Mundhöhle, Zunge oder Genitalschleimhäute und äußert sich als Hautrötung und weißliche Belege.

Candida albicans ernährt sich hauptsächlich von Kohlenhydraten. Daher wird empfohlen, bei einem Krankheitsausbruch auf Kohlenhydrate und Zucker zu verzichten, um dem Pilz seine Nahrungsgrundlage zu entziehen.

BESONDERHEIT: KOMBUCHA

Bei Kombucha handelt es sich um ein fermentiertes Getränk auf Basis von Tee. Die Bakterien, die es für die Fermentation braucht, benötigen (leider!) Zucker. Wenn du Kombucha selbst zubereitest, kannst du für die Herstellung Rohrzucker und Trockenfrüchte verwenden. Der Zuckergehalt eines Kombuchas ist leider beachtlich – er schmeckt auch sehr angenehm süß. Dennoch stellt er eine gesunde Alternative zu herkömmlichen gezuckerten Getränken dar. Denn fermentierte Lebensmittel wirken probiotisch, sind somit super für den Darm und unterstützen die Verdauung. Sicherlich sollte man Kombucha als Alternative nun nicht literweise trinken – doch, in Maßen verzehrt, überwiegt hier die positive probiotische Eigenschaft.

BALLASTSTOFFE

Ballaststoffe sind unverdauliche Bestandteile, die in pflanzlichen Lebensmitteln enthalten sind. Für unsere Gesundheit sind sie absolut notwendig, denn Ballaststoffe unterstützen unsere Verdauung. Obwohl wir sie nicht verdauen können, regen sie unsere Darmtätigkeit an und wirken gegen Verstopfung. Außerdem halten sie lange satt, da eine ballaststoffreiche Mahlzeit länger im Magen verweilt. Sie können sogar dabei helfen, Cholesterin und Kalorien zu binden und diese unverarbeitet aus dem Körper auszuscheiden. Du solltest täglich mindestens 30 g Ballaststoffe essen. Am besten gelingt dir das, wenn du in jede Mahlzeit Obst oder Gemüse, Vollkornprodukte und Hülsenfrüchte integrierst. Außerdem solltest du viel Wasser trinken, damit die Ballaststoffe quellen können. Auch für den Blutzuckerspiegel sind sie elementar. Eine ballaststoffreiche Ernährung hilft, den Blutzucker konstant zu halten und wirkt einem schnellen Absinken und Ansteigen entgegen.

Ballaststoffe lassen sich in wasserlösliche und wasserunlösliche unterteilen. Zu den wasserlöslichen Vertretern gehören z. B. Inulin oder Pektin, die vorwiegend in Obst, Gemüse und Haferprodukten vorkommen. Diese werden auch als Quellstoffe bezeichnet, da sie Wasser anziehen und aufquellen. Wasserunlösliche Ballaststoffe, wie z. B. Lignin, Cellulose oder resistente Stärke, befinden sich vor allem in Getreideprodukten (Weizen) und Hülsenfrüchten. Sie werden im Darm kaum verändert und unverdaut wieder ausgeschieden.

Wenn du bisher wenige ballaststoffhaltige Nahrungsmittel gegessen hast, solltest du die Aufnahme langsam steigern. Es kann sonst zu Blähungen oder sogar Durchfall kommen. Achte außerdem darauf, viel Wasser zu trinken, um eine Verstopfung zu vermeiden.

ZUCKER HAT VIELE NAMEN

SO ERKENNST DU IHN IN LEBENSMITTELN:

Wie bereits erwähnt, ist Zucker ein günstiges Produkt, welches uns zudem noch süchtig machen kann. Perfekt also für die Lebensmittelindustrie. Hier wird ständig Zucker zugeführt, damit wir das entsprechende Lebensmittel immer und immer wieder kaufen wollen. Doch häufig wird er mit einem anderen Namen versehen.

UNTER FOLGENDEN NAMEN VERSTECKT SICH ZUCKER:

- Brauner Zucker
- Dextrin
- Dextrose
- Fruchtsüße
- Fructose
- Fructose-Glucose-Sirup
- Gerstenmalz/Gerstenmalzextrakt
- Glucose/Glucosesirup
- Inulin
- Invertzucker
- Karamellzuckersirup
- Lactose
- Magermilchpulver
- Maissirup
- Maltodextrin
- Maltose
- Milchzucker
- Oligofructose
- Oligofructosesirup
- Polydextrose
- Raffinadezucker
- Raffinose
- Rohrzucker
- Rohrohrzucker
- Saccharose
- Stärkesirup
- Süßmolkenpulver
- Traubensüße
- Traubenzucker
- Weizendextrin
- Zucker
- Zuckerrübensirup

AM HÄUFIGSTEN DAVON VERWENDETE BEGRIFFE:

Zucker, Glucose-Fructose-Sirup, Maltodextrin, Gerstenmalzextrakt und Rohrzucker. Als grobe Regel kannst du auf alles verzichten, was auf -ose, -sirup und -zucker endet. Besonders verarbeiteten Lebensmitteln wird Zucker zugesetzt. Ernähre dich deswegen am besten von natürlichen Lebensmitteln und koche und backe selbst.

ALLTAGSFALLEN

Zucker versteckt sich in vielen Lebensmitteln, nicht nur in Süßigkeiten, Eis oder Kuchen. Er ist häufig Lebensmitteln zugesetzt, in denen wir ihn niemals vermutet hätten, wie z. B.:

- Brot
- Pizza
- Soßen (Grillsoßen, Tomatensoßen)
- Aufstriche
- Senf
- Wurst
- Müsli
- Joghurts
- Dosengemüse
- Gewürzgurken
- Salatdressings
- Light-Produkte

GENAUER HINGESCHAUT ENTHÄLT:

- 1 Flasche Ketchup = 10 Würfel Zucker
- 1 Liter Cola = 14 Würfel Zucker
- 1 Becher Fruchtjoghurt (150 ml) = 7 Würfel Zucker
- 1 Glas Rotkohl = 17 Würfel Zucker
- Früchtemüsli (500 g Packung) = 45 Würfel Zucker
- 1 Tüte Gummibärchen (200 g) = 35 Würfel Zucker
- 1 Dose Instant-Eiskaffee (275 g) = 82 Würfel Zucker
- 1 Glas Schoko-Nuss-Aufstrich (450 g) = 84 Würfel Zucker

ÜBRIGENS:

Lebensmittel mit der Aufschrift „zuckerarm", „zuckerreduziert" oder „ohne Zuckerzusatz" enthalten trotzdem eine geringe Menge davon. Solche Lebensmittel sollten am besten gar nicht erst in den Einkaufskorb wandern. Wenn Zucker an 2. Stelle der Zutatenliste steht, bedeutet das, dass besonders viel davon enthalten ist. Vorsicht ist auch beim Verzehr von Trockenobst geboten. Denn auch wenn der Zucker in diesen Früchten natürlichen Ursprungs ist, so liegt er nach dem Dörrvorgang in hochkonzentrierter Form vor. Durch die Trocknung verlieren die Trockenfrüchte außerdem eine Menge Ballaststoffe, sodass der Zucker aus den Früchten noch schneller ins Blut gelangen kann. Dennoch liefert Trockenobst auch jede Menge guter Nährstoffe und kann daher in Maßen verzehrt werden.

DER TRICK MIT DEN LIGHT-PRODUKTEN

Seit der Einführung der Light-Produkte gibt es auch immer wieder Kritik daran. Denn Light-Produkte enthalten zwar weniger Fett, aber dafür viel Zucker. Fett ist ein Geschmacksträger. Wenn er Lebensmitteln entzogen wird, verlieren diese also an Geschmack. Um das wieder auszugleichen, wird stattdessen Zucker hinzugefügt. Denn ehrlich gesagt, wer kauft schon ein Produkt, von dem er zwar weiß, dass es gesund ist, aber nicht schmeckt? Niemand. Durch den zugeführten Zucker wird sowohl der Geschmack als auch die Konsistenz wiederhergestellt, welche durch den Fettentzug ebenfalls verändert wurde. Die erhoffte Kalorienersparnis wird dadurch fast wieder ausgeglichen.

Eins musst du unbedingt verstehen: Die Lebensmittelindustrie interessiert sich nicht für deine Gesundheit. Hier geht es ausschließlich darum, Geld zu verdienen und Profit zu machen.

In Getränken kommt es häufig vor, dass Light-Produkte keine Kalorien enthalten, weil hier der Zucker durch Süßstoff ersetzt wird. Mehr zum Thema Süßstoffe kannst du im Kapitel „Zuckeralternativen" nachlesen.
Aber warum produzieren Unternehmen nicht einfach gesunde Lebensmittel ohne oder mit weniger Zucker? Dahinter steckt die Zuckerlobby. Diese hat dafür gesorgt, dass in den 70er-Jahren in Amerika Studien uminterpretiert wurden und Fett zum Übeltäter für das steigende Übergewicht verantwortlich gemacht wurde. Doch seitdem wächst nicht nur das Sortiment an Light-Produkten in den Supermärkten, sondern auch die Anzahl an Übergewichtigen und Fettleibigen. Wie bereits erwähnt, ist Zucker in der Lebensmittelindustrie ein nützlicher Zusatzstoff, denn er ist kostengünstig und führt durch seine Wirkung im Gehirn zu einer Abhängigkeit, die uns das Produkt immer wieder kaufen lässt.

MUSS MAN ZU 100 PROZENT VERZICHTEN?

Diese Frage muss jeder selbst für sich beantworten. Sollte bereits eine Erkrankung vorliegen, die aus einem hohen Zuckerkonsum resultieren könnte, macht es Sinn, auf Zucker komplett zu verzichten. Zu Beginn der Umstellung wird häufig geraten, einen 100-Prozent-Verzicht zu befolgen. Aber jeder Mensch ist anders. Der eine bevorzugt radikale Schritte, der andere möchte sich lieber Schritt für Schritt umgewöhnen. Beachte, dass es zu Entzugserscheinungen kommen kann, wenn du den Schritt radikal gehst und vorher sehr viel Zucker konsumiert hast. Müdigkeit, Kopfweh oder Gereiztheit können die Folge sein. Und dann müssen sich deine Geschmacksnerven umgewöhnen. Das kann anfangs hart sein, wenn der Kaffee plötzlich ohne Zucker getrunken wird oder das Stück Kuchen vom Lieblingsbäcker jeden Freitag wegfällt.

Es ist wichtig, dass jeder selbst für sich entscheidet, was für ihn ein Zuckerverzicht bedeutet. Während die einen auf Kuchen, Desserts und Haushaltszucker im Kaffee und Tee verzichten, meiden andere auch die versteckten Fallen in Fertigprodukten, Zuckeralternativen wie Ahornsirup oder sogar Fruchtzucker im Obst.

Bei selbstgemachten Süßigkeiten heißt es hier: Weg mit dem schlechten Gewissen und lass es dir schmecken!

DAS PASSIERT, WENN DU AUF ZUCKER VERZICHTEST!

Bereits nach wenigen Tagen können sich die ersten körperlichen Verbesserungen zeigen. Du hast mehr Energie, schläfst besser, deine Mundflora ändert sich, weil die Bakterien dort weniger Nahrung haben.

Nach einem Monat kann sich deine Haut verbessert haben. Dein Herz schlägt jetzt vielleicht sogar ruhiger und dein Blutdruck ist stabil, weil die sprunghaften Insulinausschüttungen wegfallen. Nach einem Jahr werden sich deine Geschmacksnerven umgewöhnt haben und dir werden überzuckerte Süßigkeiten nicht mehr schmecken. Eine Zuckerreduzierung hat viele Vorteile für den Körper, die Verdauung, das Gewicht, das Hautbild und das Wohlbefinden. Deswegen raten wir dir dazu, diesen Schritt zu gehen und dem Haushaltszucker „Lebewohl" zu sagen. Aber du musst jetzt nicht für den Rest deines Lebens auf den süßen Geschmack verzichten. Stattdessen ist es auch möglich auf Zuckeralternativen umzusteigen und sich so langfristig zu entwöhnen.

„BALANCE IS THE KEY!"

Wir verzichten im Alltag und in unserer Küche auf den Haushaltszucker und backen komplett ohne ihn, aber nutzen stattdessen Zuckeralternativen. Allerdings ersetzen wir den Haushaltszucker nicht 1:1 mit den Zuckeralternativen, sondern achten auch hier auf reduzierte Mengen. Weniger ist mehr und keine Regel ohne Ausnahmen.
Wir halten beide nichts von strikten Verboten. Besonders auf Geburtstagen oder Familienfeiern lauern überall offensichtliche Zuckerquellen. Da werden auch gern mal die Kreationen der anderen probiert. Wichtig ist, dass es gemäßigt bleibt und die Ausnahme nicht zur Regel wird. Aber durch die Umgewöhnung der Geschmacksnerven wird dir das überzuckerte Gebäck eh irgendwann nicht mehr besonders gut schmecken.

GESUND NASCHEN!

Das geht wunderbar! Denn „gesund“ und „naschen“ schließen sich nicht gegenseitig aus. Man kann Kuchen mit Datteln statt Zucker zubereiten. Du kannst in einem Kuchen gesunde Nüsse oder Bananen verstecken. Du kannst einen Schokoladenkuchen mit gesundem Kakao backen – dem absoluten Superfood, was so reich ist an Magnesium, Kalzium und Eisen. Das Problem ist nur, dass du solche Leckereien nicht beim Bäcker nebenan finden wirst. Die Produktion mit hochwertigen, gesunden Zutaten wäre viel zu teuer. Du solltest selbst aktiv werden und dir deine gesunden Leckereien in der eigenen Küche backen. Dann hast du auch die Chance, deinen Kuchen genauso zu backen, wie er dir schmeckt: zuckerfrei, vielleicht mit Zuckeralternativen und genau so süß, wie du ihn magst. Besonders, wenn du deine Ernährung gerade umstellst, hast du hier die Chance zu entscheiden, ob du radikal verzichten oder dich sanft herantasten magst. In diesem Buch findest du tolle Rezepte dafür.

Wenn du selbst kreativ wirst, hast du zu 100 % Kontrolle darüber, was du isst – oder eben nicht isst. Du kannst entscheiden, ob du zusätzliches Obst oder Gemüse darin versteckst. Ob du Zucker verwendest oder nicht. Du kannst nährstoffreiche Mehle verwenden. Wenn dein Appetit gestillt ist, wirst du weniger Verlangen haben und wirst auch im Supermarkt nicht mehr verleitet, dir dort ungesunde Süßigkeiten zu kaufen.

SWEETS FÜR UNTERWEGS

Es stellt immer eine kleine Herausforderung dar, unterwegs zu sein – besonders am Anfang. Zu Hause kannst du dich genau so einrichten, wie du es brauchst. Du kannst sämtliche Lebensmittel aus deiner Speisekammer verbannen. Kaum bist du unterwegs, werden dir auch schon mal ungesunde Leckereien angeboten.

Was dir dabei am besten helfen kann:

- Hab Alternativen für unterwegs parat! Viele Snacks und Kuchen lassen sich gut in einer Dose mit nehmen.
- Wenn du dich zu Hause gut mit gesunden Leckereien versorgst, ist dein Appetit eher gestillt. Hast du im Gegensatz dazu schon einige Tage nichts Süßes gegessen und dir alles verkniffen, dann wirst du beim Bäcker vielleicht doch schwach.
- Niemand ist perfekt! Mach dir keine Vorwürfe, wenn du mal zulangst – lass strenge Verbote und das schlechte Gewissen hinter dir und schau positiv nach vorn!
- Eine Umstellung der Ernährung braucht Zeit! Sei geduldig mit dir und deinem Körper und gib ihm die Zeit für diese Umstellung. Nach einigen Wochen wird dich der ungesunde Süßkram kaum noch interessieren!

Seite 40

Seite 38

SNACKS UND DESSERTS

Es ist immer gut, gesunde Snacks für zwischendurch parat zu haben!

INFO

Die Schoko-Erdnuss-Riegel halten sich für gut eine Woche am besten gekühlt im Kühlschrank. Besonders das Kokosöl und Erdnussmus werden bei Raumtemperatur weich, so haben sie frisch aus dem Kühlschrank die optimale Konsistenz!

SCHOKO-ERDNUSS-RIEGEL

VEGAN / GLUTENFREI / ZUCKERFREI

ZUBEREITUNGSZEIT: Einweichzeit + 15 Min. + 10 Min.
GEFRIERZEIT: 2 Std.

An manchen Tagen kann man sich ohne schlechtes Gewissen so richtig etwas gönnen: ganz dekadent, aber gesund & zuckerfrei. Diese leckeren Schoko-Erdnuss-Riegel sind ein toller Snack für zwischendurch und lassen das Original richtig alt aussehen. Hier trifft Schoko auf Erdnuss und Karamell: eine perfekte Kombi und so lecker!

ZUTATEN FÜR EINE KASTENFORM:

Keksschicht:

300 g	Haferflocken
60 g (6 EL)	Kokosöl
60 g (6 EL)	Ahornsirup

Karamellschicht:

200 g	Datteln (eingeweicht!)
150 g	Erdnussmus
50 g (5 EL)	Ahornsirup

Zusätzlich:

100 g	Erdnüsse (ungesalzen u. ohne Zusätze)
150 g	Schokoladenkuvertüre

TIPP:

Verwende zusätzlich für das Überziehen mit der Kuvertüre am besten ein Abtropfsieb. Das erleichtert das Handling und die Schokolade kann gut durchtrocken und aushärten!

ZUBEREITUNG:

1. Für die Keksschicht verarbeitest du die Haferflocken in einem Mixer zu Mehl.
2. Dann vermengst du das Hafermehl mit dem Kokosöl und dem Ahornsirup. Es entsteht ein gut knetbarer Teig. Diesen gibst du in eine mit Backpapier ausgelegte Kastenform.
3. Für die Karamellschicht verarbeitest du die Datteln mit dem Erdnussmus & dem Ahornsirup in einer Küchenmaschine zu einer homogenen Creme. Diese gibst du als zweite Schicht mit den Erdnüssen in die Kastenform.
4. Stell die Form für mind. 2 Std. ins Gefrierfach. Vor dem Schneiden der Riegel lass sie kurz bei Zimmertemperatur stehen.
5. Dann hebst du den Teig aus der Form und kannst ihn gleichmäßig schneiden.
6. Schmelze die Schokolade im Wasserbad. Verwende hierbei am besten ein hohes Gefäß, so kannst du die Riegel gut eintauchen.

INFO

Unsere gesunden Kekse schmecken auch pur schon superlecker! Lagere sie am besten in einer Dose – so trocknen sie nicht aus. Wenn du eine Scheibe Brot mit in die Dose legst, werden sie nach ein paar Tagen sogar noch etwas weicher und saftiger! Wenn du sie etwas variieren möchtest, kannst du sie z. B. mit Schokolade überziehen oder eine Nuss in der Mitte mitbacken.

GESUNDE KEKSE

VEGAN / ZUCKERFREI

ZUBEREITUNGSZEIT: 7 Min.
BACKZEIT: 25 Min.

Kekse – wer liebt sie nicht!? Wir haben ein ganz neues, gesundes Rezept für dich kreiert – absolut gelingsicher und voller guter Zutaten! Besonders für den kleinen Hunger sind gesunde Kekse perfekt! Auf Basis gesunder Zutaten und ganz ohne Zucker – so kann man sich auch gern mal einen zweiten gönnen!

ZUTATEN FÜR 9 KEKSE:

100 g	Dinkelmehl
50 g	Kokosmehl
5 g (1 TL)	Backpulver
etwas	Vanillepulver
35 g	Mandelmus
20 g (2 EL)	Kokosöl
20 g (2 EL)	Ahornsirup
120 ml	pflanzliche Milch

ALTERNATIVE:

Falls du deine Kekse glutenfrei backen möchtest, kannst du anstatt des Dinkelmehls auch einfach 100 g Hafermehl bzw. 100 g gemahlene Haferflocken verwenden!

ZUBEREITUNG:

1. Gib zunächst die trockenen Zutaten in eine Schüssel und vermenge sie gut miteinander. Dann gibst du das Mandelmus, das Kokosöl, den Ahornsirup & die pflanzliche Milch hinzu und knetest daraus einen homogenen Teig.

2. Nun formst du neun Bällchen aus dem fertigen Teig und drückst diese platt, sodass daraus Kekse entstehen.

3. Die fertigen Kekse legst du auf ein mit Backpapier ausgelegtes Backblech und bäckst sie bei 180° C im vorgeheizten Ofen für 25 Min.

MÜSLIRIEGEL

VEGAN / GLUTENFREI / ZUCKERFREI

ZUBEREITUNGSZEIT: 5 Min.
BACKZEIT: 25 Min.

Die Müsliriegel-Masse muss unbedingt ganz fest in die Form gedrückt werden! Nur so halten die Müsliriegel später auch gut zusammen! Besonders wichtig ist auch, dass du die Müsliriegel für einige Zeit ins Gefrierfach gibst – so wird das Kokosöl fest und die Riegel lassen sich gut schneiden!

ZUTATEN FÜR 10 RIEGEL:

20 g	getrocknete Cranberries (ca. 2 Hände voll)
100 g	Haferflocken
80 g	Sonnenblumenkerne
100 g	Kürbiskerne
20 g (2 EL)	gemahlene Leinsamen
5 g (1 TL)	Zimt
45 g (4–5 EL)	Kokosöl
100 g (10 EL)	Ahornsirup
20 g (2 EL)	Erdnussmus

ZUBEREITUNG:

1. Zunächst vermengst du alle trockenen Zutaten in einer großen Schüssel miteinander. Dann gibst du nacheinander das Kokosöl, den Ahornsirup und das Erdnussmus hinzu und verknetest alles gut miteinander.

3. Anschließend gibst du die Masse in eine mit Backpapier ausgelegte Kastenform. Achte darauf, dass die Masse wirklich festgedrückt ist. So halten die Müsliriegel später gut zusammen und du kannst sie gut schneiden.

4. Die Kastenform gibst du dann für ca. 25 Min. bei 180° C in den vorgeheizten Ofen. Anschließend lässt du die Form gut auskühlen und stellst sie dann noch einmal für mind. 2 Std. ins Gefrierfach.

5. Wenn du die Form aus dem Gefrierfach geholt hast, kannst du die Müsliriegel schneiden. Sie halten sich am besten gekühlt im Kühlschrank, dann sind sie immer schön fest.

EIS AM STIEL

VEGAN / GLUTENFREI / ZUCKERFREI / ÖLFREI

ZUBEREITUNGSZEIT: 5 Min.
GEFRIERZEIT: mind. 3 Std.

Eis kann man sich wunderbar selbst zubereiten – denn herkömmliches Eis aus dem Supermarkt enthält (viel zu viel!) Zucker! Viele Eisdielen bieten mittlerweile auch Eis auf Basis von z. B. Kokosblütenzucker oder Stevia an. Wenn du auch zu Hause in den Genuss kommen möchtest und Lust auf ein leckeres Eis am Stiel hast, haben wir hier ein tolles Rezept für dich!

ZUTATEN FÜR 4–5 POPSICLES:

50 g	Mandelmehl
150 ml	Kokosmilch (Dose)
10 g (1 EL)	Ahornsirup

Schokolade als Kuvertüre

ANMERKUNG:

Klassischerweise werden für die industrielle Zubereitung von solchen Eis am Stiel viele Zusätze verwendet, sodass das Eis auch nach langer Zeit im Gefrierfach noch immer butterweich ist. Da für unsere Popsicles wirklich nur 3 Zutaten und Kuvertüre notwendig sind, lass sie am besten nach langer Zeit im Gefrierfach ein wenig antauen, dann sind sie zartschmelzend weich.

ZUBEREITUNG:

1. Zunächst vermischt du das Mandelmehl mit der Kokosmilch und dem Ahornsirup in einer kleinen Schüssel. Je nach Konsistenz der Kokosmilch brauchst du etwas mehr oder weniger. Es soll eine zähflüssige Creme entstehen. Diese gibst du dann in die Popsicle-Form.
2. Die Förmchen lässt du für mind. 3 Std., besser über Nacht, im Gefrierfach, sodass die Creme fest werden kann.
3. Für die Kuvertüre erhitzt du die Schokolade im Wasserbad. Dann kannst du die Popsicles aus dem Gefrierfach nehmen.
4. Tunke jeden Popsicle einmal in die Schokolade ein, sodass er vollständig bedeckt ist, dann lässt du die Kuvertüre aushärten. Da die Popsicles noch gefroren sind, geht das sehr schnell. Die fertigen Popsicles kannst du z. B. auf einem Gitterblech ablegen.
5. Wenn du die Popsicles nicht gleich vernaschen willst, halten sie sich im Gefrierfach gut für einige Wochen.

INFO

Falls du keine leistungsstarke Küchenmaschine hast, um die Datteln gut zu verarbeiten, kannst du alternativ auch fertige Dattelpaste verwenden. Diese bekommst du im türkischen Supermarkt! Sie eignet sich perfekt für die Bliss Balls!

BLISS BALLS

VEGAN / GLUTENFREI / ZUCKERFREI / OHNE BACKEN

ZUBEREITUNGSZEIT: 12 Min.

Bliss balls sind ein toller Snack für zwischendurch, ein leckeres Dessert und einfach perfekt für den Heißhunger. Sie sind reich an Vitalstoffen und dabei auch noch lecker. Die enthaltenen Nüsse sorgen für einen langsamen Anstieg des Insulinspiegels. Sie lassen sich in unzähligen verschiedenen Varianten zubereiten. Unser Klassiker sind diese leckeren Schoko-Haselnuss-Bliss balls: Auf Basis von 3 Zutaten sind sie in Nullkommanix zubereitet und eigentlich schon fast genauso schnell wieder aufgegessen!

ZUTATEN:

200 g	Datteln
100 g	gemahlene Haselnüsse
20 g (2 EL)	Kakao

TIPP:

Auf Basis dieses Rezepts kannst du natürlich unzählig verschiedene Varianten ausprobieren! Das Wichtige ist immer das Verhältnis von Trockenfrüchten zu Nüssen (2:1), so hat der Teig die beste Konsistenz und die Bliss Balls halten gut zusammen.

Du kannst eigentlich jede Trockenfrucht verwenden, wie z. B. getrocknete Aprikosen, Feigen usw.

ZUBEREITUNG:

1. Zunächst gibst du die Datteln in eine leistungsstarke Küchenmaschine und vermixt sie zu einer homogenen, festen Masse.

2. Anschließend gibst du die Haselnüsse und den Kakao hinzu und mixt noch einmal ganz kräftig, bis eine krümelige, knetbare Masse entsteht. Manche Datteln sind von Natur aus trockener. Gegebenenfalls gib noch 1–2 EL frisches Wasser hinzu, wenn der Teig sich nicht gut kneten lässt.

3. Zum Schluss formst du aus der schokoladigen Masse kleine Bällchen – je nach Belieben können diese größer oder kleiner sein!

4. Da keine verderblichen Lebensmittel enthalten sind, halten sich die Bliss Balls ohne Weiteres bei Zimmertemperatur, bei uns sind sie aber binnen weniger Tage schon vernascht!

INFO

Du kannst dein leckeres Eis natürlich auch aufpeppen – den Variationen sind hier keine Grenzen gesetzt! Mit einem Löffel Kakao wird daraus cremiges Schokoeis, mit dem Saft einer ½ Zitrone ein spritziges Zitroneneis.

NICECREAM-BANANENEIS

VEGAN / GLUTENFREI / ZUCKERFREI / ÖLFREI

ZUBEREITUNGSZEIT: 5 Min.
GEFRIERZEIT: mind. 3 Std.

Auf Basis von Bananen kann man ganz gesundes Eis schnell zubereiten! Dieses ist schon lange kein Trend mehr, sondern ein richtiger Klassiker und vor allem „All Time Favourite". Wenn man mal so richtig Lust auf ganz viel Eis hat, dann kann man sich das gönnen – und zwar ganz gesund und zuckerfrei! Bananen sind eine perfekte Basis, denn sie sind so cremig und lassen sich perfekt zu einem cremigen Eis verarbeiten. Und das Beste daran: Durch die natürliche Süße der Bananen braucht es keinen Zucker!

ZUTATEN:

2–3	große, reife Bananen
1 Schluck	pflanzliche Milch, z. B. Kokosmilch
etwas	Zimt
Prise	Vanille

TIPP:

Für die Zubereitung der Nicecream brauchst du unbedingt eine leistungsstarke Küchenmaschine.
Alternativ kannst du auch einen leistungsstarken Mixer verwenden.

Die Banane ist im gefrorenen Zustand sehr hart und lässt sich mit herkömmlichen klassischen Mixern oder einem Pürierstab nur sehr schwer verarbeiten.

ZUBEREITUNG:

1. Am Vortag solltest du die Bananen schälen und in kleine Stücke schneiden. Anschließend gibst du sie in einen kleinen Gefrierbeutel und lässt sie über Nacht im Gefrierfach. Die Bananen müssen für die Zubereitung zu 100 % gefroren sein!

2. Zunächst gibst du die Bananen zusammen mit einem Schluck pflanzliche Milch in eine leistungsstarke Küchenmaschine. Gib noch ein wenig Zimt und Vanille hinzu, das verfeinert zusätzlich den Geschmack.

3. Mixe alles auf höchster Stufe, bis ein cremiges Eis entsteht. In ein Glas geben, mit ein wenig Vanille bestäuben und guten Appetit!

ZUCKERALTERNATIVEN

Zuckeralternativen werden dir die Umgewöhnung auf ein zuckerfreies Leben erleichtern. Langfristig sollte dein Ziel sein, auch mit diesen sparsam umzugehen. Denn letztendlich handelt es sich hier auch um „Zucker". Aber sie liefern dir zusätzlich noch gesunde Nährstoffe. Wir stellen dir hier die wichtigsten Vertreter vor und setzen sie in direkten Vergleich zum Haushaltszucker. Entscheide selbst, welche für dich infrage kommen. Zuckeralternativen sind deutlich hochpreisiger als Haushaltszucker. Du wirst davon aber weniger verwenden – so reichen sie länger, als man es vermuten könnte. Dazu liefern sie gesunde Nährstoffe. Qualität hat immer ihren Preis.

ZUCKERRÜBENSIRUP

Zuckerrübensirup soll hier erwähnt werden, denn obwohl seine Herstellung der des Haushaltszuckers ähnelt, unterscheidet er sich doch durch seine Inhaltsstoffe.

Zuckerrübensirup wird aus dem Saft der Zuckerrübe gewonnen. Im Vergleich zur Herstellung des Haushaltszuckers, bei dem nur die Saccharose gewonnen wird, werden hier alle löslichen Stoffe der Rübe extrahiert. Zuckerrübensirup besteht hauptsächlich aus Saccharose, Glucose und Fructose. Aber er enthält auch weitere gute Inhaltsstoffe wie Eisen, Folsäure, Magnesium und Kalium. Er liefert ca. 299 kcal pro 100 g und hat eine leicht karamellige Note. Seine Süßkraft ist etwas geringer als die von Haushaltszucker. Er kann als Brotaufstrich oder zum Backen verwendet werden.

Sein absoluter Vorteil gegenüber den anderen Zuckeralternativen liegt in seiner Regionalität. Er benötigt keine langen Transportwege und kann direkt in Deutschland und angrenzenden Nachbarländern hergestellt werden.

AHORNSIRUP

Ahornsirup ist der eingedickte Saft des Ahornbaumes. Produziert wird er vor allem in Kanada. Er besteht zu ca. 40 % aus Wasser und ca. 60 % aus Zucker wie Saccharose, Fructose und Glucose. Außerdem enthält er Mineralstoffe wie Kalium, Kalzium, Eisen und Magnesium. Ahornsirup überzeugt mit seinem süßen Karamellgeschmack. Seine Süßkraft beträgt ca. 60–65 % im Vergleich zu weißem Haushaltszucker. Auch seine Kalorienmenge ist mit 270 kcal pro 100 g unter der von Haushaltszucker. Er eignet sich gut zum Backen oder für Pancakes. Im Handel gibt es ihn in unterschiedlichen Qualitätsgraden zu kaufen. Je früher der Ahornsirup geerntet wird, desto heller ist seine Farbe. Dieser ist durch Grad A oder AA gekennzeichnet. Die mit Grad C gekennzeichnete Sorte ist etwas dunkler und kräftiger im Geschmack.

KOKOSBLÜTENZUCKER

Palmzucker wird aus dem Blütensaft verschiedener Palmarten gewonnen. Handelt es sich dabei um den Saft der Kokospalme, so nennt man ihn Kokosblütenzucker.

Kokosblütenzucker besteht zu ca. 88 % aus Saccharose. Er enthält sehr viele gesunde Nährstoffe wie Eisen, Zink, Kalzium, Kalium und Phosphor. Außerdem liefert er Vitamin C und B-Vitamine und enthält viele wichtige Aminosäuren.

Kokosblütenzucker besitzt einen sehr niedrigen glykämischen Index. Sowohl seine Süßkraft als auch seine Kalorienmenge mit ca. 383 kcal auf 100 g entsprechen in etwa denen des Haushaltszuckers.

Anders als vielleicht vermutet, schmeckt Kokosblütenzucker nicht nach Kokos, sondern hat eine malzig-karamellige Note. In Wasser löst er sich nur langsam und unter häufigem Rühren auf. Er eignet sich gut zum Backen, für Desserts oder heiße Getränke.

KOKOSBLÜTENSIRUP

Kokosblütensirup ist die flüssige Variante des Kokosblütenzuckers. Er wird aus dem reinen Saft der Kokosblüte gewonnen.

Seine Konsistenz ist sehr dickflüssig, aber gut wasserlöslich. Kokosblütensirup kann zum Karamellisieren genutzt werden oder für Desserts und Salatsoßen.

Um einen besseren Vergleich aufzuzeigen, kommen hier noch einmal die Fakten zum Haushaltszucker:

- *besteht aus Saccharose (Glucose + Fructose)*
- *liefert 400 Kalorien (kcal) pro 100 g*
- *enthält keine Vitamine oder Mineralstoffe*
- *entspricht 100 % Süßkraft*

HONIG

Honig wird aus dem Nektar von Blüten durch Insekten, vor allem Bienen, gewonnen. Er enthält viele verschiedene Arten von Zucker, besteht aber hauptsächlich aus Fructose und Glucose. Der Fructoseanteil ist meist etwas höher, als der von Glucose. Außerdem liefert er Mineralstoffe, Enzyme, Proteine, Pollen, Vitamine und Aminosäuren. Er enthält auch Wasser und liefert dadurch weniger Kalorien als Haushaltszucker, nämlich ca. 304 kcal pro 100 g. Seine Süßkraft ist geringer als die von Haushaltzucker und sein glykämischer Index auch, allerdings nur leicht. Honig ist vor allem wegen seiner antibakteriellen und entzündungshemmenden Wirkung bei Erkältungen in heißen Getränken beliebt. Hier gilt allerdings Vorsicht. Denn bei Temperaturen über 40 Grad werden die meisten der Inhaltsstoffe zerstört. Auch zum Backen eignet er sich eher nicht.

Da bei der Produktion von Honig die Bienen in Mitleidenschaft geraten, eignet er sich nicht für eine vegane Ernährung. Falls du ihn gern als Brotaufstrich isst, dann achte unbedingt auf seine Herkunft. Am besten kaufst du nur vom regionalen Imker deines Vertrauens.

REISSIRUP

Reissirup wird aus Reis gewonnen, indem dieser gemahlen und gekocht wird. Die dabei entstandene Flüssigkeit wird gefiltert und zu Sirup eingedickt.

Reissirup besteht hauptsächlich aus Maltose (Disaccharid), Oligosacchariden (Vielfachzucker) und Glucose. Außerdem liefert er wichtige Nährstoffe wie Kalium, Eisen, Phosphor, Kalzium und Magnesium. Er enthält keine Fructose und wird deswegen häufig als gesunde Alternative angepriesen. Er eignet sich besonders für Menschen mit Fructoseintoleranz. Jedoch ist sein glykämischer Index sehr hoch.

Er liefert mit 316 kcal pro 100 g etwas weniger Kalorien als Haushaltszucker. Reissirup ist mild und leicht nussig im Geschmack und hat eine geringere Süßkraft als Zucker. Er eignet sich sehr gut zum Backen, als Brotaufstrich oder zum Süßen bestimmter Speisen.

XYLIT (BIRKENZUCKER)

Xylit, oder auch Birkenzucker genannt, ist ein natürlicher Zuckeralkohol und in geringen Mengen Bestandteil vieler Gemüsesorten und Früchte. Auch in der Rinde von Birken ist es zu finden, wie der Name schon sagt. Seine Gewinnung ist ein technologisch und energetisch sehr aufwendiger Prozess, weshalb es auch teurer ist als Haushaltszucker.

Xylit beeinflusst den Blutzuckerspiegel kaum. Bei hohem Verzehr kann es abführend wirken. Generell kann Xylit am Anfang zu Blähungen und Durchfall führen, da der Körper sich erst an den Zuckeralkohol gewöhnen muss. Seine Süßkraft entspricht in etwa der des Haushaltszuckers (98 %). Allerdings liefert Xylit nur ca. 240 kcal auf 100 g. Außerdem verspricht es eine antikariogene Wirkung (gegen Karies) und wird deshalb häufig Kaugummis oder Zahnpasta zugesetzt. In der Lebensmittelindustrie wird es als E 967 gekennzeichnet. Xylit kann sowohl zum Kochen als auch zum Backen verwendet werden. Es liefert jedoch keine weiteren Nährstoffe.

ERYTHRIT

Erythrit gehört ebenfalls zu den Zuckeralkoholen. In der Natur kommt es in geringen Mengen in Pilzen, Käse, Obst und Pistazien vor. Bei der Herstellung werden Kohlenhydrate mithilfe von Pilzen fermentiert.

Erythrit ist beinahe kalorienfrei und liefert nur 20 kcal pro 100 g. Daher wirkt es sich auch nicht auf den Blutzuckerspiegel aus. Seine Süßkraft entspricht etwa 60 % der des Haushaltszuckers. Auch bei Erythrit kann es durch einen zu hohen Verzehr zu Durchfall kommen. Es ist mit der Nummer E 968 gekennzeichnet und enthält ebenfalls keine weiteren Nährstoffe.

Zuckeralkohole haben übrigens nichts mit dem Alkohol in alkoholischen Getränken zu tun. Sie gehören aber von ihrer chemischen Struktur her zu den Alkoholen und werden deswegen als Zuckeralkohole bezeichnet.

STEVIA

Stevia ist ein Süßungsmittel, welches aus der Stevia rabaudiana (auch „Süßkraut“ genannt) gewonnen wird. Die Pflanze ist schon seit Jahrhunderten bekannt und wird vor allem in Asien zum Süßen von Tees verwendet. Die natürlichen Bestandteile der Pflanze sind die Stevioside bzw. Steviolglykoside. Sie sind eine Art Stevia-Extrakt und werden durch einen aufwendigen chemischen Prozess aus den Blättern der Pflanze gewonnen.
Durch den Einsatz vieler Chemikalien bei der Herstellung gibt es Stevia nicht in Bioqualität zu kaufen. Es hat eine 300-mal stärkere Süßkraft als Haushaltszucker, keine Kalorien und lässt auch den Blutzuckerspiegel nicht ansteigen.

Seine starke Süßkraft ist geschmacklich durchaus gewöhnungsbedürftig. In der EU ist es erst seit 2011 unter der Nummer E 960 zugelassen und als Pulver, Flüssigkeit oder Pastillen verfügbar. Stevia verursacht im Gegensatz zu Haushaltszucker keine Karies und ist somit für die Zähne unbedenklich.

BESONDERHEIT: LÚCUMA

Lúcuma ist eine exotische Frucht aus Chile, Peru und Ecuador. Sie ist unheimlich nährstoffreich, enthält gut verdauliche Ballaststoffe, liefert zahlreiche Vitalstoffe und Antioxidantien uns wirkt entzündungshemmend. Lúcuma ist aufgrund der niedrigen glykämischen Last ein Segen für den Blutzuckerspiegel.

Das Besondere an Lúcuma: In einer Studie konnte nachgewiesen werden, dass sie trotz des hohen Anteils an Kohlenhydraten (da es sich ja um eine Frucht handelt) antidiabetisch wirkt, d. h. optimal ist für den Blutzuckerspiegel. Aufgrund eines enthaltenen Enzyms, was bei der Kohlenhydratverdauung unterstützt, wirkt die Frucht Blutzuckerschwankungen entgegen und wirkt so antidiabetisch und blutzuckerregulierend.

Hier in Deutschland wird Lúcuma in Pulverform als Nahrungsergänzungsmittel angeboten. Durch den süßlichen Geschmack eignet es sich perfekt zum Süßen von z. B. Smoothies, Porridge oder Müslis.

DATTELN

Sie sind die Frucht der Dattelpalme. Die getrocknete Dattel besteht zu 60–70 % aus Zucker, wobei der Anteil an Fructose und Glucose im Verhältnis 1:1 vorliegt. Aber viel wichtiger sind die zahlreichen gesunden Inhaltsstoffe. Datteln enthalten neben Mineralstoffen wie Kalium, Folsäure, Magnesium, Eisen und Kalzium auch Vitamine wie Vitamin A, C und E. Außerdem sind sie ein hervorragender Ballaststofflieferant.
Zusätzlich liefern uns Datteln einen hohen Anteil an Antioxidantien, welche unsere Zellen vor freien Radikalen und somit vor möglichen Krankheiten schützen. Pro 100 g Datteln nehmen wir ca. 282 kcal auf. Sie eignen sich sehr gut zum Backen. Dafür müssen sie vorher meist eingeweicht und anschließend püriert werden. In den Rezepten geben wir immer einen Hinweis. Außerdem eignen sie sich sehr gut für rohe Süßigkeiten wie Raw-Cakes, als Snacks wie Energy Balls und Riegel oder sind perfekt in Kombination mit Nussmus.

Es gibt viele verschiedene Dattelsorten, die sich alle in Größe, Geschmack, Konsistenz und Farbe unterscheiden. Die Königin ist die Medjool-Dattel. Sie ist größer und ihr Fruchtfleisch saftiger als das der klassischen Datteln.

DATTELSIRUP

Dieser entsteht, wenn Datteln bei ca. 60 Grad für 30 Minuten gekocht werden. Er besteht demzufolge aus ca. 80 % Datteln und ca. 20 % Wasser. Seine gesunden Inhaltsstoffe entsprechen denen der Frucht. Dem Dattelsirup wird jedoch noch zusätzlich eine antibiotische Wirkung auf das Wachstum bestimmter Bakterien nachgesagt. Er enthält ein Fructose-Glucose-Verhältnis von ungefähr 1:1. Seine Süßkraft ist geringer als die von Haushaltszucker. Sein glykämischer Index liegt unter dem von Zucker und lässt somit den Blutzuckerspiegel weniger stark ansteigen. Dieser Sirup liefert ca. 289 kcal pro 100 g. Da er recht viel Fructose enthält, sollten auch hier keine zu großen Mengen konsumiert werden und bei einer Fructoseintoleranz sollte lieber ganz darauf verzichtet werden.

Dattelsirup löst sich gut auf und eignet sich daher sehr gut in Tees oder Kakao. Aber auch zum Backen oder für Dressings ist er eine gute Alternative zu Haushaltszucker. Beim Kauf solltest du auf die Zutatenliste schauen. Der natürliche Dattelsirup sollte nur aus Datteln und Wasser bestehen.

DATTELZUCKER

Dattelzucker wird auch als Dattelsüße bezeichnet und ist ein noch recht unbekanntes Alternativprodukt zu Haushaltszucker. Er entsteht aus der ganzen Dattel. Dafür werden die Früchte entsteint, getrocknet und anschließend gemahlen. Es entsteht ein Pulver, welches sich in Wasser nicht auflöst.

Da Dattelzucker zu 100 % aus Datteln besteht, entsprechen auch seine Inhaltsstoffe denen der Dattel. Mit ca. 330 kcal auf 100 g liefert er etwas weniger Kalorien als Haushaltszucker. Seine Süßkraft ist etwas stärker. Der glykämische Index liegt unter dem des Haushaltszuckers. Dattelzucker kann sehr gut zum Backen verwendet werden.

AGAVENDICKSAFT

Agavendicksaft wird aus dem Saft der Agave (eine Kaktusart) gewonnen. Er besteht zu rund 24 % aus Wasser und 76 % aus Kohlenhydraten. Besonders kritisch wird dabei der sehr hohe Fructoseanteil (90–93 %) gesehen. Er enthält auch keine nennenswerten Mengen an Mineralstoffen. Seine Süßkraft ist stark. Hier entsprechen 100 g Agavendicksaft etwa 125–150 g Zucker. Seine glykämische Last ist im Gegensatz dazu sehr gering und gehört zu den niedrigsten aller Süßungsmittel. Auch seine Kalorienmenge liegt mit 310 kcal unter der von Haushaltszucker. Trotzdem sollten aufgrund des hohen Fructosegehalts keine großen Mengen verzehrt werden, da Fructose in der Leber zu Fett abgebaut wird. Auch bei einer Fructoseintoleranz sollte hierauf verzichtet werden.

FAZIT – WARUM ZUCKER DURCH ALTERNATIVEN ERSETZEN?

VORTEILE

- enthalten gesunde Nährstoffe
- haben meist einen geringeren glykämischen Index & weniger Kalorien

NACHTEILE

- lange Transportwege (schlecht für die Umwelt)
- teilweise sehr aufwendige Herstellungsverfahren

ES KOMMT AUF DIE DOSIS AN!

Zuckerfrei leben definiert jeder anders. Für uns ist es völlig in Ordnung, sich etwas Süßes zu gönnen und dabei auf Zuckeralternativen setzen zu können.

Dennoch: Auch hier sollte auf die Dosis geachtet werden. Denn Haushaltszucker 1:1 durch beispielsweise Ahornsirup zu ersetzen, ist letztendlich auch keine gesunde Lösung.

Kokosblütenzucker gilt als der nachhaltigste Zucker, da die Kokospalme mehr Zucker produziert und dabei weniger Wasser und Nährstoffe benötigt als Vergleichsprodukte.

Es gibt leider nicht DIE Alternative zu Haushaltszucker. Es sind immer Vor- und Nachteile zu beachten. Außerdem müsste man, um einen gesundheitlichen Nutzen aus den zahlreichen Nährstoffen zu ziehen, mehrere Kilogramm davon essen. Dennoch ist es besser, auf Alternativen zu setzen, die immerhin noch Nährstoffe enthalten – im Vergleich zum Haushaltszucker, der völlig nährstofffrei ist.

Unser Favorit ist Ahornsirup, weil er aufgrund seiner Eigenschaften einfach auf jeder Linie punktet. Agavendicksaft meiden wir eher. Datteln sind die wohl gesündeste Alternative, weil sie unverarbeitet direkt verwendet werden können und hier noch alle Vitalstoffe und Ballaststoffe enthalten sind.

Aus persönlichen Erfahrungen können wir behaupten, dass man sich an eine zuckerfreie/zuckerreduzierte Ernährung gewöhnt und sie nicht als Verzicht empfindet. Heute schmecken uns „normale" Süßigkeiten viel zu süß und wir vermissen sie absolut nicht.

MUST-HAVES FÜR ZUHAUSE

GETREIDE

Das Getreide ist die Basis für gesundes Gebäck – wenn man einmal ausgestattet ist, geht das Backen leicht von der Hand. Es ist praktisch, immer verschiedenes Getreide im Vorratsschrank parat zu haben. Haferflocken sind unser Favorit, denn sie sind sogar glutenarm (bzw. glutenfrei) und lassen sich toll zu einem Mehl verarbeiten!

- Glutenfreie Mehle (Buchweizenmehl)
- (Glutenfreie) Haferflocken
- Kokosmehl
- Dinkelvollkornmehl
- Reis bzw. Milchreis
- Nussmehle/ gemahlene Nüsse

BINDEMITTEL

Beim gesunden, zuckerfreien und pflanzlichen Backen kann man Eier als Bindemittel sehr gut ersetzen. Unsere Rezepte sind so kreiert, dass die Kuchen und das Gebäck gut gelingen. Hier findest du noch eine kleine Übersicht an Alternativen. Apfelmus und Bananen sind dabei eine Besonderheit, denn sie sorgen nicht nur für eine perfekte Bindung, sondern bringen auch von Natur aus ein süßes Aroma mit sich!

- Banane
- Apfelmus
- Wurzelgemüse wie Süßkartoffeln
- Avocado
- Mineralwasser
- Leinsamen & Chiasamen
- Flohsamenschalen
- Stärke z. B. Tapioka oder Mais
- Agar-Agar

MILCH

Es gibt mittlerweile eine große Vielfalt an Pflanzendrinks, die sich optimal zum gesunden Backen und für die leckersten Kreationen eignen, wie z. B. Mandelmilch, Sojamilch, Hafermilch usw. Es braucht für einen Pflanzendrink keinen extra zugesetzten Zucker – so sind sie i. d. R. zuckerfrei! Ein Blick auf die Zutatenliste verrät immer, ob extra Zucker zugesetzt wurde.

Eine Besonderheit hier ist der Haferdrink: Grundsätzlich wird für die Zubereitung von Haferdrink bzw. Hafermilch kein Zucker zugesetzt, dennoch schmeckt er sehr süß und anhand der Nährwerte sieht man, dass der Zuckergehalt höher ist als bei anderen pflanzlichen Drinks. Der Grund ist folgender: Um Haferdrink herzustellen, wird Hafer mit Wasser aufgekocht und anschließend mit Enzymen versetzt, die einen Teil der Stärke in Zucker umwandeln.

Hierbei werden die Bindungen der langkettigen Kohlenhydrate gelöst und anschließend zerfallen diese in einzelne Zuckerbausteine. So sind die Ausgangsprodukte zwar Wasser und Hafer, doch durch die Enzyme ist der Zuckergehalt anschließend beachtlich.

Grundsätzlich lohnt es sich immer, seine „Milch“ selbst zu machen, dann hat man auch zu 100 % Kontrolle darüber, welche Zutaten verarbeitet werden. In unseren Rezepten geben wir immer eine „pflanzliche Milch“ an – entscheide selbst, welche du am liebsten magst und ob du sie selbst zubereitest!

BASICS

Ein paar grundlegende Rezepte, um ausgewogen zu naschen!

SCHNELLE ZUBEREITUNG HAFERDRINK

ZUTATEN

1 Liter	Wasser
100 g	feine Haferflocken
2	Datteln
1 Tropfen	Öl

ZUBEREITUNG

Gib alle Zutaten in einen leistungsstarken Mixer und vermixe sie für ca. 2 Min. zu einer homogenen cremigen Masse.

Anschließend drückst du sie durch einen Nussmilchbeutel oder ein Mulltuch und fängst die pflanzliche „Milch" in einem hohen Gefäß auf. Danach kannst du sie in eine Flasche gießen. Sie hält sich etwa 4–5 Tage.

Durch das Öl hat der Pflanzendrink einen optimalen Fettgehalt und lässt sich auch gut aufschäumen, so eignet er sich auch perfekt für unsere leckeren Getränke mit Milchschaum!

BESONDERHEIT: HAFERFLOCKEN

Haferflocken sind super gesund, sehr vitalstoffreich und haben einen guten glykämischen Index. So sind sie die perfekte Basis für z. B. ein leckeres knuspriges Granola, einen Frühstücksbrei, Gebäck oder Kuchen.

Haferflocken sind grundsätzlich glutenarm bis glutenfrei. Dazu ist sie auch in einer extra deklarierten „glutenfreien" Variante erhältlich, wobei dieser Hafer dann auf Feldern wächst, wo auch in den vergangenen Jahren ausschließlich Hafer angebaut wurde, sodass es sowohl bei der Ernte als auch beim Transport zu keinerlei Verunreinigung kommt. Dennoch werden Haferflocken auch von Menschen mit einer Glutenunverträglichkeit gut vertragen.

Auch Coco verträgt Gluten nicht gut, sodass sie glutenhaltige Mehle und Speisen im Alltag eher meidet. Haferflocken (glutenfrei deklariert oder nicht) verträgt sie sehr gut, sie sind die Basis für viele ihrer Speisen wie im Frühstück oder beim Backen. Wenn du Haferflocken in einen Mixer gibst, kannst du sie gut zu einem Mehl verarbeiten. Hafermehl eignet sich sehr gut zum Backen. Falls du auch Probleme hast, Gluten zu vertragen, taste dich langsam heran – als glutenfrei deklarierte Haferflocken sind dabei die sichere Alternative. Wenn bei dir Zöliakie bzw. eine Allergie diagnostiziert wurde, sei eher vorsichtig.

Du kannst aber in diesem Fall all unsere Rezepte mit 100 % glutenfrei deklarierten Haferflocken zubereiten.

SCHOKO-HASELNUSS-CREME

VEGAN / ZUCKERFREI / ÖLFREI

ZUBEREITUNGSZEIT: 15 Min.

Unsere gesunde Schoko-Haselnuss-Creme hat wirklich rein gar nichts mit dem käuflichen Produkt zu tun: Sie ist so reich an Vitalstoffen, voller gesunder Zutaten und schmeckt dabei einfach umwerfend. Hier kann man gern mal einen Löffel mehr nehmen – ganz ohne schlechtes Gewissen! Denn Zucker hat in einer Schoko-Haselnuss-Creme sowieso nichts verloren! Auf Basis von reinen Haselnüssen und natürlich gesüßt hält sie jedem Vergleich stand.

ZUTATEN FÜR 2 GLÄSER:

200 g	Haselnüsse
200 g	Datteln (eingeweicht)
20 g (2 EL)	Kakao
10 g (1 EL)	Kokosblütensirup
75 ml	pflanzliche Milch

Das Original besteht aus folgenden Zutaten: Zucker, Haselnüsse, Kakao und Milch – leider in einem sehr ungünstigen Verhältnis, denn Zucker steht dort an erster Stelle der Zutatenliste und ist zu einem überwiegenden Teil enthalten. Unsere Schoko-Haselnuss-Creme ist rein pflanzlich und hier sind Haselnüsse im Vordergrund. Die Datteln sorgen für eine gesunde Süße und machen die Schoko-Haselnuss-Creme extra cremig!

TIPP:

Das Einweichwasser der Datteln benötigst du für dieses Rezept nicht. Eventuell kannst du es für ein anderes Rezept aufbewahren, da es unheimlich süß ist und eine tolle Backzutat sein kann.

ZUBEREITUNG:

1. Zunächst gibst du die Haselnüsse auf ein Backblech und bäckst sie für ca. 15 Min. bei 180° C. Anschließend füllst du sie dann in einen leistungsstarken Mixer und verarbeitet sie zu einem cremigen Mus. Wichtig ist, dass du so lange mixt, bis das Mus ganz cremig ist.

2. Anschließend gibst du die Datteln hinzu. Dann mixt du beides miteinander, bis eine zähe feste Masse entsteht, der Mixer hat dabei ordentlich zu kämpfen.

4. Zum Schluss gibst du den Kakao und die pflanzliche Milch hinzu, jetzt wird die Schoko-Haselnuss-Creme richtig cremig und lässt sich auch gut mixen.

5. Da in dem Rezept pflanzliche Milch enthalten ist, hält sich die Schoko-Haselnuss-Creme am besten im Kühlschrank in einem Glas aufbewahrt und sollte innerhalb einer Woche vernascht sein. Achtung: Suchtgefahr!

INFO

Unsere Schoko-Haselnuss-Creme ist natürlich superschnell gemacht. Falls es dir jedoch immer noch zu aufwendig ist, schau mal auf Seite 105! Dort findest du ein Blitzrezept, wenn es mal ganz schnell gehen muss.

SCHOKOLADE SELBST ZUBEREITEN

ZUTATEN

Kakaopulver
Kokosblütenzucker
Kakaobutter

Klassische Schokolade wird mit Zucker oder alternativ Rohrzucker zubereitet. Sehr hochwertige Schokoladen mit hohem Kakaoanteil enthalten dennoch etwas Zucker. Selbst 99 % Schokolade ist nicht zuckerfrei und enthält einen gewissen Anteil an Zucker.

Es gibt jedoch mittlerweile schon sehr viele Schokoladen, die z. B. ausschließlich mit Kokosblütenzucker zubereitet werden und so eine gute Alternative darstellen. Man kann Schokolade aber auch sehr gut selbst herstellen, indem man Kakaobutter mit Kakaopulver vermischt, im Wasserbad erhitzt und dann aushärten lässt.

Wenn du es etwas süßer magst, gibst du z. B. ein wenig Kokosblütenzucker hinzu. Wenn du die Schokolade zum Backen verwendest, musst du sie meist nicht noch extra süßen. Für manche unserer Rezepte braucht es Schokolade.

GRANOLA

VEGAN / GLUTENFREI / ZUCKERFREI / ÖLFREI

ZUBEREITUNGSZEIT: 7 Min.
BACKZEIT: 30 Min.

Granola ist ein echter Allrounder! Es ist in Kürze zubereitet, und man kann es so vielseitig verwenden: für den gewissen Crunch in oder auf dem Porridge, unsere leckeren Smoothie-Bowls oder auch einfach als Topping auf Joghurt als Snack zwischendurch. Hier ist unsere absolut erprobte Lieblingsvariante: vegan, glutenfrei und ohne Öl. Unser Granola ist schön nussig, sättigt angenehm und sorgt so für einen gut regulierten Blutzuckerspiegel.

ZUTATEN FÜR EIN BLECH:

300 g	(grobe) Haferflocken
100 g	Nüsse deiner Wahl (gehackt oder gestiftet)
10 g (1 EL)	Zimt
10 g (1 EL)	Kakao
100 g	flüssiges Tahin
100 g	Datteln (eingeweicht)

TIPP:

Natürlich kannst du auch ein wenig variieren: So kannst du die Haferflocken zu einem Teil durch z. B. Hirseflocken, Quinoaflocken oder andere Flocken deiner Wahl ersetzen. Zusätzlich kannst du auch noch Kakaonips, gepufften Quinoa oder getrocknete Früchte wie z. B. Gojibeeren unterheben.

ZUBEREITUNG:

1. Zunächst gibst du die trockenen Zutaten in eine große Schüssel und vermengst sie miteinander.

2. Nun gießt du das Einweichwasser der Datteln ab und gibst die Datteln zusammen mit dem Tahin in einen Mixer und vermixt beides zu einem cremigen Brei.

3. Die Dattel-Tahin-Masse gibst du nun zu den trockenen Zutaten in die große Schüssel und verknetest alles gut miteinander. Dabei entstehen Klumpen.

4. Dann gibst du die Masse auf ein mit Backpapier ausgelegtes Backblech.

5. Das Granola wird nun im vorgeheizten Ofen bei 160° C für zunächst 15 Min. gebacken. Dann wendest du alles einmal mit einem großen Holzlöffel, damit es nicht anbrennt, und bäckst es noch einmal für weitere 15 Min.

6. Das Granola hält sich im Glas luftdicht abgeschlossen für einige Wochen.

INFO

Tahin (Sesammus) wird in unterschiedlicher Konsistenz angeboten. Für dieses Rezept eignet sich am besten das richtig flüssige Tahin, es sorgt für eine perfekte Bindung! So lässt sich das Granola auch gut kneten!

ZUCKERFREIER SAFT:

Saft enthält durch die Früchte von Natur aus Zucker, nämlich Fruchtzucker – und zwar in einer hoch konzentrierten Form. Deswegen solltest du keine großen Mengen davon trinken. Du kannst ihn aber super selbst zubereiten – am besten auf Basis von Gemüse. Doch genauso gut kann man Obst & Gemüse mischen und kombinieren.

Für manches Rezept braucht es auch mal Saft. Zuckerfreien Saft bekommst du z. B. im Bioladen oder der Drogerie. Dort gibt es eine große Auswahl an „Superfood"-Säften, die alle ohne Zucker auskommen wie z. B. auch gesunder Cranberrysaft, dem kein Zucker zugesetzt ist. Alternativ kannst du fürs Backen auch Früchtetee zubereiten, der sich auch perfekt fürs Backen eignet!

Unsere Küchen sind mittlerweile so gut ausgestattet, dass man für spontane Backsessions sofort bereit ist. Hast du einmal alle übersichtlichen Zutaten in deinem Vorratsschrank, geht es auch fix, und sobald der Appetit auf etwas Süßes kommt, bist du gut vorbereitet!

Achtung beim Nussmus:

Achte beim Kaufen von Nussmus darauf, dass es auf Basis von 100 % Nüssen zubereitet ist, dann enthält es in jedem Fall keinen Zucker. Nussmussprodukte bekommt man mittlerweile in jedem Supermarkt, aber auch Biomärkten oder Drogerien. Jedoch sind sie leicht zu verwechseln mit z. B. „Erdnusscreme", die zusätzlich noch Weizen, Zucker und vieles mehr enthält. Hier lohnt sich immer ein Blick auf die Zutatenliste!

MUST-HAVE APFELMUS:

Apfelmus ist ein Must-have in unserem Haushalt! Es eignet sich sehr gut zum Backen, ist ein tolles Bindemittel und schmeckt auch pur einfach lecker! So ist es ein perfekter Snack für zwischendurch.

Du kannst Apfelmus auch ganz leicht selbst machen – so bleiber noch all die guten Nährstoffe erhalten. Gekauftes Apfelmus enthält oft unnötigen Zucker. Äpfel sind von Natur aus schon sehr süß, da braucht es keine Zusätze. Optimalerweise bereitest du daher am besten Apfelmus selbst zu. Hierfür schneidest du einfach 1–2 Äpfel klein, gibst sie in einen kleinen Topf, bedeckst sie mit etwas Wasser und sobald das Wasser zu sieden beginnt, sind sie schon weich gekocht. Gib die Äpfel anschließend inkl. Wasser in einen leistungsstarken Mixer. Schon nach 30 Sek. hast du ein leckeres, super gesundes Apfelmus! Alternativ schau, ob das Apfelmark in Biomärkten oder Drogerien keinen Zucker erthält.

KÜCHENGERÄTE MUST-HAVES

Eine gut ausgestattete Küche ist das A und O! Nichts ist ärgerlicher, als wenn du ein Rezept ausprobieren möchtest und dann etwas nicht funktioniert, weil die Technik versagt oder ein Kuchen anbäckt! Nicht bei allen Küchengeräten und -maschinen muss man ganz tief ins Portemonnaie greifen, doch wer billig kauft, kauft meistens zweimal! So lohnt es sich, hochwertig zu investieren, denn dann hast du auch langfristig etwas davon.

Bei uns hat sich die Qualität mehrfach bewährt: So gelingen die Rezepte im Nu! Es sind besonders der Mixer und die Küchenmaschine, die für das Backen oder die Bowls elementar und oft in Gebrauch sind.

Unsere bevorzugten Must-haves für schnelle & leckere Rezepte:

- ein guter Hochleistungsmixer
- eine gute Küchenmaschine mit Schneidmessern
- ein Milchaufschäumer
- gute beschichtete Pfannen
- Waffeleisen
- Küchenmesser
- Schüsseln (verschiedene Größen)
- Backformen: Springform, Kastenform, Muffinform, Donutform usw.
- gute Messer

Auch Pfannen & Backformen brauchen eine gute Beschichtung, sonst halten sie häufiger Nutzung nicht stand.

RAUS AUS DER ZUCKERSUCHT

SO KANNST DU ES SCHAFFEN

Der Weg in ein zuckerfreies Leben ist nicht einfach, denn, wie bereits erklärt, wirkt Zucker wie eine Droge im Gehirn und kann uns süchtig machen. Außerdem sind unsere Supermärkte voll von zuckerhaltigen Lebensmitteln und versteckten Zuckerfallen. Die Gefahren eines Rückfalls lauern also an jeder Ecke. Doch bevor wir über Rückfälle nachdenken, sollten wir es erst mal raus aus der Zuckersucht schaffen. Dafür kommen hier unsere Tipps für dich.

Es macht natürlich Sinn, zu Beginn den Zucker komplett aus der Ernährung zu streichen. So programmierst du den Geschmackssinn neu und gewöhnst ihn an weniger süß schmeckende Lebensmittel. Zudem werden dir sehr süße Nahrungsmittel irgendwann viel zu süß schmecken.

Das Problem ist jedoch, dass Verbote und Zwänge häufig einhergehen mit negativer Stimmung und ein ständiges Gedankenkarussell um genau dieses Verbot. Dazu ein kleines Experiment: An was denkst du, wenn du an alles denken darfst außer an einen rosa Elefanten? Wir vermuten mal, du denkst direkt an einen rosa Elefanten. Genauso wird sich auch der radikale Zuckerverzicht auf dich auswirken. Du wirst ständig an ihn denken. Es macht deswegen wenig Sinn, einfach den Zucker zu streichen und dann eine Lücke im Alltag dafür zu hinterlassen.

GESUNDE GEWOHNHEITEN AUFBAUEN

DER SCHLÜSSEL FÜR EIN ZUCKERFREIES LEBEN

Es sind unsere Gewohnheiten, die unseren Alltag bestimmen. Viele davon laufen unbewusst ab und tun uns gut, z. B. das tägliche Zähneputzen oder Fahrradfahren. Andere sind für unsere Gesundheit schädlich, wie das Rauchen oder vor dem Fernseher Süßkram naschen. Fakt ist: Wir brauchen Gewohnheiten, um unser Gehirn zu entlasten. Denn wenn du über jede Bewegung beim Zähneputzen oder Autofahren nachdenken müsstest, wärst du ziemlich schnell erschöpft.

Eine neue Gewohnheit aufzubauen, dauert Studien zufolge im Durchschnitt zwischen 21 und 66 Tagen. Die genaue Dauer ist bei jedem unterschiedlich und auch stark von den Umständen und der Art der Änderung abhängig. Täglich ein Glas Wasser zum Mittagessen zu trinken ist beispielsweise einfacher umzusetzen, als abends keine Schokolade mehr zu essen oder jeden Morgen 10 Minuten joggen zu gehen. Wichtig ist, wie bereits erwähnt, dass du dir bei einem Verzicht eine gesunde Alternative suchst. Dadurch füllst du die entstandene Lücke und die Umstellung wird dir leichter fallen.

Sei gut zu dir und gib nicht gleich auf, wenn du nach den ersten paar Tagen vielleicht nicht alles perfekt machst. Um Gewohnheiten zu ändern, braucht es Disziplin und Durchhaltevermögen. Das Gute ist: Hat sich die neue Gewohnheit gefestigt, wird es dir in Zukunft ganz leicht fallen und du musst nicht mehr darüber nachdenken.

DIE 4-SCHRITTE-FORMEL

MIT DIESER 4-SCHRITTE-FORMEL WIRST DU ES SCHAFFEN, ZUCKER AUS DEINEM LEBEN ZU VERBANNEN.

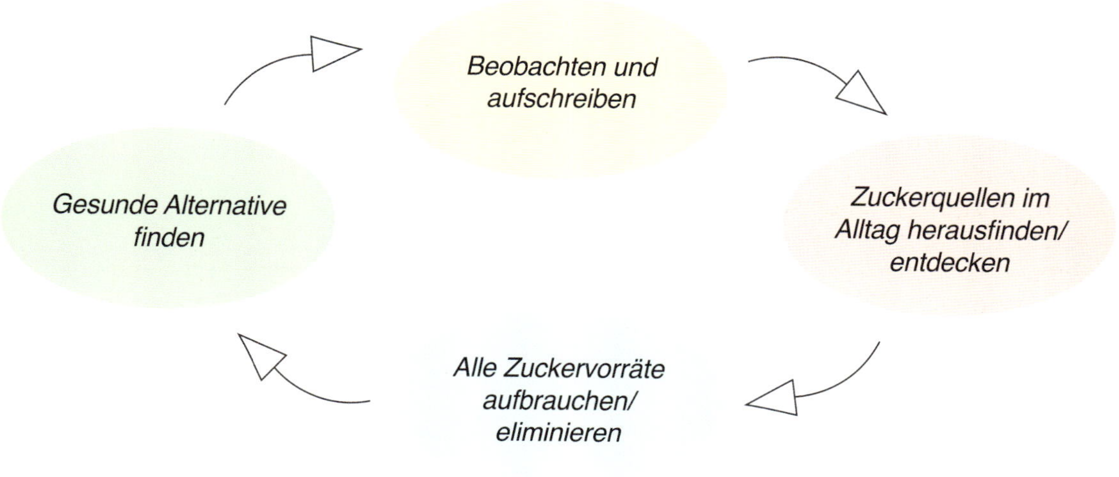

1. BEOBACHTEN

Beobachte dich im Alltag und dein Essverhalten. Am besten schreibst du dafür für 1–2 Wochen (gern auch noch länger) ein Ernährungsprotokoll, indem du genau erfasst, was du zu welcher Uhrzeit gegessen hast. Sei hierbei nicht zu streng mit dir, du musst nicht jedes Brötchen abwiegen. Doch es wird dir helfen, einen Überblick zu bekommen: Wann hast du gegessen, wie oft, wieviel, was isst du häufig, was eher selten.

Gut wäre auch noch aufzuschreiben, warum du in dem Moment diese Mahlzeit gewählt hast. Hattest du Hunger? Appetit? Langeweile? War es aus Gewohnheit?

2. ZUCKER IM ALLTAG

Schau dir dein Ernährungsprotokoll genau an und werte alles aus. Wann konsumierst du Lebensmittel, die Zucker enthalten? Sind es offensichtliche Zuckerquellen oder versteckte Zuckerfallen? Wie häufig kommen diese vor? Aus welchen Gründen hast du diese gegessen?

Es ist natürlich einfacher, auf offensichtliche Zuckerbomben zu verzichten. Wenn man außerhalb ist, ist es schwieriger, darauf zu achten, da in fast jedem Gericht Zucker versteckt sein kann. Sei dabei ganz ehrlich zu dir. Um etwas zu verändern, musst du dir deinen Ausgangszustand ganz bewusst machen.

3. ZUCKERVORRÄTE VERMEIDEN

Du kennst nun deine Zuckerquellen, auf die du gern zurückgreifst. Es gibt jetzt zwei Möglichkeiten, damit umzugehen. Entweder du verbrauchst nach und nach alles, was noch da ist. Oder du entsorgst alles direkt, verschenkst es oder nutzt es für etwas anderes. Aus Zucker lässt sich z.B. ein Peeling herstellen.

4. GESUNDE ALTERNATIVEN

Wie bereits erwähnt, ist es ratsam, die Lücke, die durch den Zuckerverzicht jetzt entsteht, mit etwas anderem zu füllen. Denn häufig geht Zuckerkonsum mit einer selbst antrainierten Gewohnheit im Alltag einher. So könntest du statt des Stücks Kuchen jeden Freitagnachmittag ab sofort in der Zeit mit einem Freund/einer Freundin telefonieren. Oder die Süßigkeiten vor dem Fernsher durch frisches Gemüse mit einem leichten Dip ersetzen. Oder du bäckst dir eines unserer Rezepte nach und genießt es ganz bewusst. Ganz wichtig ist, dass du dir Dinge suchst, die dir Spaß machen.

Schau ganz individuell, was für dich passt! Am Anfang wird sich das zwar trotzdem seltsam anfühlen. Dir wird der Zucker sicherlich fehlen. Jetzt musst du durchhalten, das ist alles Gewöhnungssache. Klassischerweise hast du die Umstellung nach ungefähr 4 Wochen geschafft.

TIPPS, UM NOCH BESSER VORBEREITET ZU SEIN:

- Mische dir dein Müsli selbst zusammen. Viele Fertigmüslis enthalten jede Menge Zucker. Du kannst dafür einfach Haferflocken, Nüsse, Trockenfrüchte und/oder Kakaonibs verwenden.

- Backe dir dein Granola selbst. Auch hier enthalten die Fertiggranolas aus dem Supermarkt viel Zucker. Ein Rezept findest du in diesem Buch.

- Backe dir selbst gesunde Kuchen oder Kekse, statt dir die überzuckerten Backwaren beim Bäcker zu kaufen. Viele tolle Rezepte findest du in diesem Buch.

- Packe dir gesunde Snacks in deine Tasche ein. Lass dich unterwegs nicht verleiten von den vielen Angeboten, wenn plötzlich der Hunger kommt. Tolle Inspirationen findest du im Kapitel „gesunde Snacks“.

- Immer Wasser parat haben. Häufig meldet sich ein Hungergefühl und wir greifen zum Essen, obwohl der Körper eigentlich Wasser braucht. Versuche jeden Tag 1,5–2 Liter Wasser zu trinken, um vorzubeugen.

DEIN WEG OHNE ZUCKER

WEITERE HILFREICHE TIPPS FÜR DEN START

IGNORIERE WERBESPRÜCHE FÜR „GESUNDE" LEBENSMITTEL AUF VERPACKUNGEN

Lass dich von den Werbebotschaften auf der Vorderseite vieler Lebensmittel nicht täuschen. Sie versprechen dir „gesund", „zuckerarm" oder „light" zu sein. Aber stattdessen enthalten sie noch jede Menge Zucker. Am besten studierst du wieder die Zutatenliste und kaufst nichts, bei dem du dir unsicher bist.

TRINKE KEINE SÄFTE ODER LIGHT-LIMONADEN

Säfte enthalten Fruchtzucker in hochkonzentrierter Form – anders als im Obst, wo der Fruchtzucker an Ballaststoffe gebunden ist. Deswegen ist ein Saft keine gute Alternative.

Auch Light-Limonaden sind keine Option. Der darin enthaltene Süßstoff täuscht deinem Körper Zucker vor, der aber gar nicht da ist. Heißhunger ist vorprogrammiert. Außerdem tricksen wir uns unterbewusst häufig selbst mit dem Gedanken aus, dass Light-Getränke doch kalorienarm sind. Das beruhigt unser Gewissen und lässt uns bei anschließenden Mahlzeiten häufiger „über die Stränge schlagen".

Alternativ kannst du dir selbst einen frischen Saft pressen: auf Basis von frischem Obst und am besten in Kombination mit Gemüse wie z. B. Gurke oder roter Bete.

BEGINNE DEN TAG MIT EINEM GESUNDEN FRÜHSTÜCK

Du legst am Morgen mit deiner ersten Mahlzeit den Grundstein für deinen gesamten Tag. Achte bereits hier auf komplexe Kohlenhydrate, viele Ballaststoffe durch Vollkorn und Obst und gesunde Fette, z. B. durch Nüsse. So bleibst du lange satt und beugst Heißhunger am Vormittag vor. In unserem Rezeptteil findest du leckere Inspirationen für ein ballaststoffreiches, gesundes Frühstück!

OPTIMIERE DIE PROTEIN-AUFNAHME

Proteine, oder auch Eiweiß genannt, sind die Bausteine unseres Körpers. Deine Haare, Nägel und deine Haut bestehen aus Proteinen. Sie sind absolut notwendig für deinen Körper und du solltest sie täglich mit der Nahrung in ausreichenden Mengen essen. Dein Körper sendet dir Signale, wenn du zu wenig Proteine gegessen hast. Du verspürst dann Hunger, kannst dieses Hungergefühl jedoch nicht richtig einordnen und greifst stattdessen zu Süßigkeiten. Um dem vorzubeugen, baue in jede Mahlzeit eine hochwertige Proteinquelle ein.

KAUFE CLEAN EIN

Achte im Supermarkt ab jetzt darauf, Lebensmittel ohne eine Zutatenliste zu kaufen oder bei verarbeiteten Produkten auf die Zutatenliste zu schauen. Sind es mehr als 5 Zutaten? Und einige unaussprechlich für dich und hören sich nach Chemie an? Lass es! Im Kapitel „Zucker hat viele Namen" findest du eine Auflistung, unter welchen Begriffen sich Zucker befindet.

WÜRZE DEIN ESSEN NUR MILD

Je stärker du dein Essen würzt, umso stärker ist im Anschluss das Verlangen nach Süßem. Greife besser auf frische oder getrocknete Kräuter, Gewürze wie Kurkuma und Kümmel oder ein Kräutersalz zurück.

Hier ist es das Ziel, dem Kreislauf zu entkommen, süß und salzig immer weiter und im Wechsel zu essen. Viel zu trinken kann dir hierbei ebenfalls helfen.

KOCHE SELBST & KOCHE VOR

Der beste Weg, Zuckerfallen zu entgehen, Heißhunger vorzubeugen und sich gesund und ausgewogen zu ernähren, ist es selbst zu kochen. Du entscheidest, welche Lebensmittel in deiner Mahlzeit landen und wie groß deine Portion sein soll. Am besten bereitest du dir auch selbst dein Essen für die Arbeit vor. Auch Desserts und Nachtisch kannst du vorbereiten. Wenn der Heißhunger sich ankündigt, ist es von Vorteil, gesunde Snacks dabei zu haben. Inspirationen findest du in unserem Rezeptteil.

REDUZIERE DEINEN ALKOHOL- UND KOFFEINKONSUM

Alkohol und Koffein beeinflussen den Blutzuckerspiegel stark. Dadurch kann es zu Unterzuckerung oder Heißhungerattacken kommen, bei denen du am liebsten zuckerhaltige Lebensmittel konsumieren möchtest. Vermeide dies, indem du den Kosum reduzierst.

GESUNDE SNACKS

Eine gesunde Basis ist es, regelmäßig Mahlzeiten in deinen Tagesablauf einzubauen. Diese sollten aus vollwertigen und gesunden Lebensmitteln bestehen. Dadurch verhinderst du Heißhungerattacken und füllst deinen Körper mit allen wichtigen Nährstoffen. Falls dir die Pausen zwischen deinen Mahlzeiten aber doch mal zu lang werden sollten, helfen dir gesunde Snacks, dich bei Laune zu halten. Sie können den Blutzuckerspiegel konstant halten.

Du solltest aber darauf achten, dass:

- es nicht mehr als 1–2 Snacks pro Tag werden,
- ein Snack keine vollwertige Mahlzeit ersetzt,
- die Menge im Rahmen bleibt und du keine Unmengen Extrakalorien zu dir nimmst,
- die Snacks im besten Fall eine Kombination aus komplexen Kohlenhydraten, gesunden Fetten und etwas Eiweiß sind.

Hier sind einige gesunde Snack-Optionen für dich aufgelistet.

- Datteln mit Nussmus
- Bliss Balls (Seite 46)
- Nüsse
- Obst & Nüsse
- Banane & Erdnussmus
- frisches Gemüse und Dip
- grüner Smoothie
- Joghurt & Zimt
- Popcorn

VERGISS NICHT!

Manchmal verwechseln wir Hunger mit Durst. Es reicht oft schon, ein Glas Wasser zu trinken und dieses evtl. mit einem Schuss Zitronensaft, frischer Minze oder frischen Früchten aufzupeppen. Oder du versuchst es mit einem unserer gesunden Getränke: Chai Latte, ein gesunder Kakao, Kurkuma Latte oder Matcha Latte (siehe Rezeptseite 160)!

INFO

In Untersuchungen konnte gezeigt werden, dass Zimt den Blutzuckerspiegel senkt. Hierfür reicht natürlich nicht nur eine Prise – die Ergebnisse bestätigen sich auch nur, wenn man Zimt langfristig in die Ernährung integriert. Zimt schmeckt unheimlich lecker. Gewürze stimulieren den Geschmack und so braucht es nicht so viel Süße! Du kannst mit etwas Zimt einen Joghurt aufpeppen, ohne dass es dafür Süße oder gar Zucker braucht!

WAS IST SUPERFOOD?

Superfoods sind Lebensmittel, denen ein besonderer Nutzen für unsere Gesundheit nachgesagt wird. Einige davon sind in unserer alltäglichen Ernährungsweise noch nicht angekommen. Andere sind total in Vergessenheit geraten und stehen viel zu selten auf dem Speiseplan. Doch gerade während einer Ernährungsumstellung sind neue Geschmacksrichtungen sehr wertvoll. Die Umstellung wird dir viel leichter fallen, wenn du neue Lebensmittel verwendest, um neue Gewohnheiten aufzubauen.

Bei Superfoods denken die meisten Menschen an exotische, teils unaussprechliche Lebensmittel wie Gojibeeren oder Chiasamen. Aber es gibt noch viele weitere Vertreter, die in diese Kategorie fallen und sogar im eigenen Garten wachsen, wie beispielsweise Himbeeren oder Petersilie.

Wir sind absolute Fans von Superfoods und integrieren sie jeden Tag in unsere Ernährung.

ZU DEN BEKANNTESTEN UND WICHTIGSTEN VERTRETERN GEHÖREN:

▪ GRÜNES BLATTGEMÜSE

Grünes Blattgemüse hat einen sehr starken positiven Effekt auf deine Gesundheit. Es enthält jede Menge sekundäre Pflanzenstoffe, Vitamine, Mineralstoffe und Chlorophyll. Zu den wertvollsten Vertretern zählen Spinat, Blattsalate oder Gräser wie z. B. Gerstengras.

▪ BEEREN

In den kleinen runden Superfrüchten stecken hohe Mengen an Antioxidantien. Das macht sie zu einer wahren Gesundheitsbombe. Die uns bekannten Vertreter sind Himbeeren, Brombeeren, Heidelbeeren und Johannisbeeren. Aber auch neue Entdeckungen wie Acai- oder Gojibeeren gehören dazu.

▪ GEWÜRZE

Eine ordentliche Portion Gewürze verwandeln deine Mahlzeit schnell in ein neues Leibgericht. Geschmacklich sind sie also nicht zu unterschätzen, doch vielen Gewürzen wird außerdem eine antioxidative Wirkung nachgesagt. Besonders zu erwähnen sind hier Ingwer, Kurkuma, Zimt und Kreuzkümmel.

▪ FRISCHE KRÄUTER

Genauso wie Gewürze können frische Kräuter deine Mahlzeit perfekt abrunden. Sie enthalten viele wertvolle Vitamine und Mineralstoffe. Das Gute ist, dass du einige Kräuter auf deinem Balkon oder im eigenen Garten anpflanzen kannst. Wichtige Vertreter sind Petersilie, Oregano, Basilikum, Salbei und Brennnessel.

▪ NÜSSE, KERNE UND SAMEN

Ob altbekannte Vertreter wie Kürbiskerne, Sonnenblumenkerne und Mandeln oder Neuentdeckungen wie Chiasamen, Leinsamen und Hanfsamen, Nüsse und Samen sollten viel häufiger auf dem Speiseplan stehen. Sie liefern uns gesunde Fette, Proteine und allerlei gesunde Nährstoffe.

▪ FERMENTIERTE NAHRUNG

Fermentierte Lebensmittel enthalten zahlreiche probiotische Kulturen, die sich positiv auf das Verdauungssystem auswirken. Einer der bekanntesten Vertreter ist das Sauerkraut. Achte beim Kauf jedoch darauf, dass es roh ist. Die pasteurisierte Variante im Glas oder Beutel hat keinen positiven Nutzen mehr.

▪ KAKAOBOHNEN

Kakao kommt in unseren Rezepten häufig zum Einsatz. Kein Wunder, denn er ist ein absolutes Superfood und reich an wertvollen Nährstoffen. Unter anderem enthält er Magnesium, Kalzium, Eisen und Antioxidantien.

BEACHTE:

Superfoods können eine gesunde Ernährungsweise niemals ersetzen! Aber sie können sie ergänzen und dir zu noch mehr Power und Leistungsfähigkeit verhelfen.

SUPERFOODS – UNSERE FAVORITEN

WALNÜSSE

Walnüsse sind kleine Wunder. Sie enthalten viele Mineralstoffe und jede Menge Vitamine, darunter auch Vitamin E, welches im Körper antioxidativ wirkt. Die Walnuss ist außerdem die Nusssorte mit dem höchsten Gehalt an Omega-3-Fettsäuren. Diese sind für viele Prozesse im Körper unerlässlich. Zudem sind Walnüsse ein wahres Hirnfutter – sie verbessern die Leistungsfähigkeit und Konzentration. Außerdem zügeln sie den Appetit – wir haben weniger Verlangen nach Schokolade, Chips und Co.

DINKEL

Dinkel hat einen großen Gehalt an Kieselsäure, welche sich positiv auf das Wachstum und die Reinigung von Haut, Haaren und Nägeln auswirkt. Zudem fördert Dinkel in jeder Form die eigene Konzentration und kurbelt durch das enthaltene Vitamin B den Stoffwechsel an. Im Vergleich zu Weizen enthält Dinkel wesentlich mehr Eiweiß, welches vorteilhaft für den Muskelerhalt und -aufbau ist.

HAFER

Haferflocken sind besonders gesund aufgrund ihrer guten Nährstoffbilanz. Sie enthalten viele Mineralstoffe, Vitamine und Ballaststoffe. Vor allem enthalten sie viel Zink und Eisen – zwei Nährstoffe, auf die du in einer fleischfreien Ernährung besonders achtgeben solltest. Des Weiteren liefern Haferflocken Biotin, ein wichtiges Vitamin, welches für schöne Haare, Haut und Nägel sorgt.

CHIASAMEN

Chiasamen sind reich an Proteinen, Ballaststoffen, Vitaminen, Mineralstoffen und wichtigen Omega-3-Fettsäuren. Sie liefern besonders viel Kalzium, sogar fünfmal mehr als Milch, und sorgen damit für gesunde Knochen. Sie enthalten auch Selen – ein Spurenelement, welches ein stark antioxidative Wirkung zeigt und vor Zellschäden schützt. Durch den hohen Ballaststoffgehalt füllen sie schnell unseren Magen und unterstützen unsere Verdauung. Eine tolle regionale Alternative zu Chiasamen sind Leinsamen. Sie haben ähnliche Eigenschaften.

KÜRBISKERNE

Kürbiskerne sind eine wahre Geheimwaffe für die Gesundheit. Sie enthalten viele wichtige Nährstoffe, darunter z. B. Zink, Magnesium, Eisen. Außerdem sind sie reich an Vitaminen und hochwertigen Proteinen. Magnesium beispielsweise hilft unserem Körper dabei, den Blutdruck zu regulieren und Herzkrankheiten vorzubeugen. Besonders Sportler haben einen erhöhten Magnesiumbedarf und dürfen bei Kürbiskernen gern öfter zugreifen.

SUPERFOOD FRÜHSTÜCK

Mit einem gesundem Frühstück startest du gut in den Tag!

PORRIDGE

VEGAN / GLUTENFREI / ZUCKERFREI

ZUBEREITUNGSZEIT: 5 Min.
KOCHZEIT: 5 Min.

Porridge ist einer unserer Favoriten! Es macht so satt, versorgt dich mit den notwenigen Vitalstoffen und schmeckt dabei noch unheimlich lecker! Egal ob unter der Woche oder am Wochenende – es ist echtes Soulfood. Dabei klingt das Wort „Porridge" so modern: Man könnte auch einfach Haferbrei sagen! Das ist die einfache Übersetzung, denn Haferflocken sind die Hauptzutat im Porridge.

ZUTATEN FÜR ZWEI PERSONEN:

80 g	(grobe) Haferflocken
20 g (2 EL)	(gemahlene) Leinsamen
10 g (1 EL)	Flohsamenschalen
20 g (2 EL)	Kakao
5	Datteln
Prise	Zimt
600 ml	pflanzliche Milch

TOPPING:

Früchte
Erdnussmus
Sonneblumenkerne
gepuffter Quinoa
Kakaonips

TIPP:

Beim Topping fürs Porridge kann man richtig kreativ werden! Wir mögen am liebsten frische Früchte, denn die liefern noch mal extra viele Vitamine. Kerne, Kakaonips und gepufftes Getreide kann man immer parat haben und sie sorgen für einen gewissen Biss! Ein großer Klecks Nussmus sorgt für die Cremigkeit und macht noch mal richtig satt!

ZUBEREITUNG:

1. Zunächst gibst du die trockenen Zutaten in einen großen Topf und vermengst sie gut miteinander. Die Datteln kannst du hierfür in kleine Stücke schneiden, dann verteilen sie sich besser im Brei.

2. Anschließend gibst du die pflanzliche Milch hinzu und erhitzt den Brei unter Rühren.

3. Es dauert nur kurze Zeit, dann fängt es an zu blubbern und der Haferbrei dickt an.

4. Wenn das Porridge die perfekte Konsistenz erreicht hat, kannst du den Topf vom Herd nehmen und es in zwei Schalen füllen.

5. Zum Schluss dekorierst du dein Porridge ganz nach Belieben! Guten Appetit!

INFO

Unser Porridge in dieser Zusammensetzung ist reich an zahlreichen Vitalstoffen wie Eisen, Magnesium, Kalium, Kalzium, Omega 3 und vielen Vitaminen. Durch die Flohsamenschalen, Leinsamen & Haferflocken ist es ballaststoffreich und sättigt auf angenehme Weise, sorgt für einen gut regulierten Blutzuckerspiegel und der Heißhunger hat keine Chance.

WAFFELN

VEGAN / ZUCKERFREI / ÖLFREI

ZUBEREITUNGSZEIT: 5 Min.
BACKZEIT: 10 Min.

Mit Waffeln verbinden wir echte Kindheitserinnerungen: gemütliche Nachmittage an kalten Tagen oder auch den Bummel über den Weihnachtsmarkt. Aber – Waffeln kann man auch so gesund zubereiten, und vor allem zuckerfrei! Waffeln sind ein tolles Frühstück, aber auch ein leckeres Dessert. Und sie lassen sich gut in einer Box verpacken, wenn man mal wieder ein Frühstück „to go" braucht.

ZUTATEN FÜR ZWEI PERSONEN:

150 g	Dinkelmehl
10 g (1 EL)	Stärke
10 g (1 EL)	Kokosblütenzucker
10 g	Backpulver
250 ml	pflanzliche Milch
1	Banane

TOPPING:

Sojajoghurt
Beerenobst
gepuffte Quinoa

TIPP:

Es lohnt sich, in ein richtig gutes Waffeleisen zu investieren! So gelingen dann auch die Waffeln wie abgebildet. Waffeleisen für solch rechteckige Waffeln sind sehr gut beschichtet und man braucht kein Öl zum Ausbacken.

ALTERNATIVE:

Wenn du deine Waffeln glutenfrei zubereiten möchtest, kannst du das Dinkelmehl durch 150 g Buchweizenmehl und 1 EL Flohsamenschalen ersetzen!

ZUBEREITUNG:

1. Zunächst vermengst du die trockenen Zutaten miteinander. Dann drückst du die Banane mit einer Gabel klein und hebst sie unter. Zum Schluss gibst du die pflanzliche Milch hinzu und verrührst alles zu einem cremigen Teig.

2. Wenn das Waffeleisen aufgeheizt ist, gibst du jeweils einen Klecks Teig hinein. Durch das Backpulver geht der Teig noch ein wenig auf, so muss das Eisen nicht randvoll gefüllt sein.

3. Die Waffeln werden dann goldbraun ausgebacken. Nun kannst du sie auf einem Teller stapeln und anschließend nach Lust und Laune dekorieren.

INFO

Gibt es gerade keine frischen Beeren, kannst du auf Tiefkühlobst zurückgreifen. In gut sortierten Supermärkten und auch Biomärkten gibt es meist ganzjährig gefrorene Beeren in Bioqualität. Beeren sorgen für die Extrasüße – ganz von Natur aus!

SALTED-CARAMEL-SMOOTHIE-BOWL

VEGAN / ZUCKERFREI / ÖLFREI

ZUBEREITUNGSZEIT: 5 Min.

ZUTATEN FÜR EINE PERSON:

ZUTATEN:

3	Bananen
10 g (1 EL)	Erdnussmus
4	Datteln
Prise	Zimt
Prise	Salz
30 ml	pflanzliche Milch, z. B. Cashewdrink

ZUBEREITUNG:

1. Gib alle Zutaten für die Smoothie-Bowl in eine Küchenmaschine bzw. einen leistungsstarken Mixer.

2. Verarbeite sie, bis eine feine, homogene Konsistenz entsteht, und fülle die Creme in eine Schale.

SCHOKO-SMOOTHIE-BOWL

VEGAN / ZUCKERFREI / ÖLFREI

ZUBEREITUNGSZEIT: 5 Min.

ZUTATEN FÜR EINE PERSON:

ZUTATEN:

3	Bananen
1 EL	Haselnussmus
30 ml	pflanzliche Milch, z. B. Haselnussdrink
2	Datteln
20 g (2 EL)	Kakao
Prise	Zimt

ZUBEREITUNG:

1. Verarbeite alle Zutaten in einem leistungsstarken Mixer zu einer homogenen Masse und fülle diese dann in eine Schüssel.

2. Deine Smoothie-Bowl kannst du nun nach Belieben dekorieren.

INFO

Was wir auch ganz besonders gern mögen: einen großzügigen Löffel Nussmus auf unserer Smoothie-Bowl, z. B. Erdnussmus oder Haselnussmus. Nussmus ist eine perfekte Zugabe: In Kombination mit dem Obst steigt der Blutzuckerspiegel nicht so rasch an und hält dich länger satt.

OVERNIGHT OATS

VEGAN / GLUTENFREI / ZUCKERFREI

ZUBEREITUNGSZEIT: 5 Min.

Die „Overnight Oats“ sind dem Porridge sehr ähnlich! Und auch dieser Begriff ist noch ganz jung: Der Name ist hier Programm, denn die „Overnight Oats“ werden am besten am Abend zuvor zubereitet und quellen über Nacht. So hat man am Morgen ein reichhaltiges Frühstück auf dem Tisch. Ein Gläschen voll mit „Overnight Oats“ macht satt, versorgt mit zahlreichen Vitalstoffen und schmeckt dabei noch unheimlich lecker! Und das Praktische: Man kann das Glas auch einfach mitnehmen, wenn's dann mal ganz schnell gehen muss.

ZUTATEN FÜR ZWEI PERSONEN:

80 g	(grobe) Haferflocken
20 g (2 EL)	Leinsamen
10 g (1 EL)	Flohsamenschalen
5	Datteln
Prise	Zimt
400 ml	pflanzliche Milch
300 ml	frisches Wasser

Zusätzlich optional am Morgen:

Eine	Banane
2 EL	pflanzlicher Joghurt

TOPPING:

Früchte nach Saison

TIPP:

Du kannst am Morgen noch zusätzlich eine mit der Gabel kleingedrückte Banane und ein wenig pflanzlichen Joghurt unterrühren. Das bringt noch mal etwas Abwechslung: nämlich viel Süße und dazu ganz viel Cremigkeit!

ZUBEREITUNG:

1. Zunächst gibst du die trockenen Zutaten in eine große Schüssel und vermengst sie gut miteinander. Die Datteln kannst du hierfür in kleine Stücke schneiden, dann verteilen sie sich besser im Brei.

2. Anschließend gibst du die pflanzliche Milch und das Wasser hinzu und verrührst alle Zutaten gut miteinander.

3. Nun stellst du die Schüssel am besten über Nacht in den Kühlschrank. Die einzelnen Zutaten quellen dann mit der Zeit und es entsteht ein cremig weicher Haferbrei.

4. Am Morgen darauf ist dein Frühstück dann schon bereit und du kannst es z. B. in Gläsern servieren!

INFO

Die „Overnight Oats“ lassen sich wunderbar mit Früchten dekorieren! Je nach dem, was der Saisonkalender so hergibt, sind der Fantasie keine Grenzen gesetzt. Möchtest du deine „Overnight Oats“ mitnehmen, z. B. zur Arbeit, musst du in deinem Glas nur noch ein wenig Platz einplanen für die Früchte, sodass der Deckel sich auch schließen lässt!

PANCAKES

VEGAN / ZUCKERFREI / ÖLFREI

ZUBEREITUNGSZEIT: 5 Min.
BACKZEIT: 10 Min.

Pancakes sind ein ganz traditionelles Frühstück in den USA und Großbritannien. Die amerikanischen „Pfannkuchen" werden jedoch nicht ganz so gesund zubereitet und enthalten natürlich viel Zucker. Unser Rezept kommt ohne Zucker aus und ist dazu noch vegan. Apfelmus ist ein toller Ei-Ersatz und macht die Pancakes noch mal etwas süßer. Sie sind ein wunderbares Frühstück, was sich in kurzer Zeit zubereiten lässt und viel Gemütlichkeit ausstrahlt.

ZUTATEN FÜR ZWEI PERSONEN:

150 g	Dinkelmehl
200 g	Apfelmus
120 ml	pflanzliche Milch
5 g (1 TL)	Natron
10 g (1 EL)	Ahornsirup

TOPPING:

	Früchte der Saison
etwas	Ahornsirup

ALTERNATIVE:

Wenn du deine Pancakes glutenfrei zubereiten möchtest, kannst du das Dinkelmehl durch 150 g Buchweizenmehl und 1 EL Flohsamenschalen austauschen!

ZUBEREITUNG:

1. Gib alle Zutaten nacheinander unter Rühren in eine große Schüssel, bis ein cremiger homogener Teig entsteht.

2. Für das Ausbacken der Pancakes heizt du die Pfanne zunächst einmal vor, sodass sie richtig heiß ist. Anschließend reduzierst du die Hitze etwas. Die Pancakes gelingen am besten, wenn die Pfanne zunächst einmal heiß war.

3. Nun gibst du bei mittlerer Temperatur je einen Klecks Teig in die Pfanne und backst jeden Pancake von beiden Seiten goldbraun an.

4. Zum Schluss stapelst du die Pancakes auf einem Teller und dekorierst sie mit saisonalem Obst.

INFO

Für den Teig haben wir nicht viel Süße verwendet, so schmecken die Pancakes, wenn man sie pur ist, ein wenig herb. Wenn du sie mit viel Obst verzehrst, schmeckt es wirklich toll – sie bringen die notwendige Süße mit sich! Ein Schluck Ahornsirup ist nicht nur traditionell, sondern macht die Pancakes dann einfach perfekt.

CHIA-KOKOS-TRAUM

VEGAN / GLUTENFREI / ZUCKERFREI

VORBEREITUNGSZEIT: 5 Min.+ Quellzeit
ZUBEREITUNGSZEIT: 10 Min.

Unser Chia-Parfait ist ein leckeres Dessert oder auch ein perfekter Snack für zwischendurch: reich an Vitalstoffen und Superfoods und schmeckt angenehm fruchtig. Wenn dich der Heißhunger überkommt und du Lust auf etwas Süßes hast, sind solche gesunden Kreationen perfekt – denn so kannst du es dir richtig schmecken lassen, ohne ein schlechtes Gewissen zu haben!

ZUTATEN FÜR ZWEI PERSONEN:

150 g	Kokosjoghurt
150 g	Himbeerjoghurt
150 g	gefrorene Himbeeren
3 EL	Chiasamen
200 ml	pflanzliche Milch

TOPPING:

Granola
frisches Obst
Beeren/Granatapfelkerne

TIPP:

Nimm die gefrorenen Himbeeren am Abend zuvor aus der Gefriertruhe und gib sie in eine kleine Schale. Über Nacht tauen sie auf und sind bis zum Morgen schön weich. Gefrorene Himbeeren geben durch das Auftauen viel Fruchtsaft ab. Das sieht einfach toll aus und macht das Parfait super fruchtig.

ZUBEREITUNG:

1. Gib die Chiasamen gemeinsam mit der pflanzlichen Milch in ein Schälchen.

2. Lass die Samen unter Rühren quellen. Schon nach wenigen Minuten entsteht ein cremiger Pudding

3. Nun kannst du die einzelnen Schichten gleichmäßig auf beide Gläser verteilen.

4. Je länger du den Chiapudding stehen lässt, desto fester wird er. Die Chiasamen quellen für ca. 2 Std. auf. Bestenfalls lässt du ihn über Nacht im Kühlschrank stehen und am nächsten Tag ist er zum Verzehr bereit.

MILCHREIS

VEGAN / GLUTENFREI / ZUCKERFREI

ZUBEREITUNGSZEIT: 30 Min.

Milchreis ist doch eigentlich ein Klassiker – oder? Er ist so schnell zubereitet und dabei kann nicht viel schiefgehen! Und Milchreis lässt sich gut zuckerfrei zubereiten! Ein so leckeres Frühstück, vielleicht auch zum Brunch oder natürlich auch perfekt für ein Mittagessen, wenn man es gern süß mag! Sehr cremig und echtes Soulfood! Man kann ihn warm und kalt essen – am Abend zubereitet, steht er am nächsten Morgen schon frisch parat.

ZUTATEN FÜR ZWEI PERSONEN:

80 g	(grobe) Haferflocken
20 g (2 EL)	Leinsamen
10 g (1 EL)	Flohsamenschalen
5	Datteln
1 Prise	Zimt
400 ml	pflanzliche Milch
300 ml	frisches Wasser

Zusätzlich optional am Morgen:

1	Banane
2 EL	pflanzlicher Joghurt

TOPPING:

Früchte der Saison

TIPP:

Du kannst am Morgen noch zusätzlich eine mit der Gabel kleingedrückte Banane und ein wenig pflanzlichen Joghurt unterrühren. Das bringt noch mal etwas Abwechslung: nämlich viel Süße und dazu ganz viel Cremigkeit!

ZUBEREITUNG:

1. Zunächst gibst du die trockenen Zutaten in eine große Schüssel und vermengst sie gut miteinander. Die Datteln kannst du hierfür in kleine Stücke schneiden, dann verteilen sie sich besser im Brei.

2. Anschließend gibst du die pflanzliche Milch und das Wasser hinzu und verrührst alle Zutaten gut miteinander.

3. Nun stellst du die Schüssel am besten über Nacht in den Kühlschrank. Die einzelnen Zutaten quellen dann mit der Zeit und es entsteht ein cremig weicher Haferbrei.

4. Am Morgen darauf ist dein Frühstück dann schon bereit und du kannst es z. B. in Gläsern servieren!

INFO

Milchreis lässt sich mit verschiedensten Toppings wunderbar variieren. Frische Früchte passen perfekt, Apfelmus, aber auch frisch gekochtes Kompott aus Äpfeln oder Pflaumen. Früchte sind von Natur aus schon süß, so braucht es keinerlei Zucker! Falls du das Apfelmus nicht selbst zubereitest, achte beim Kauf darauf, dass kein Zucker enthalten ist!

CRÊPES

VEGAN / GLUTENFREI / ZUCKERFREI

ZUBEREITUNGSZEIT: 5 Min.
BACKZEIT: 7 Min.

Crêpes sind eine leckere Variante für ein wenig Abwechslung auf dem Frühstückstisch. Sie sind schnell gemacht und echtes Soulfood. Man kann sie vielseitig belegen und füllen. Unsere gesunde Variante unterscheidet sich sehr von dem, was man von Weihnachts- oder Jahrmärkten kennt. Auf Basis von hochwertigem Mehl, ohne Zucker und mit gesunder Füllung sind Crêpes gesund, schmecken dabei einfach himmlisch und stehen dem Original in nichts nach!

ZUTATEN FÜR ZWEI PERSONEN:

100 g	Buchweizenmehl
10 g (1 EL)	Stärke (z. B. Tapioka)
10 g (1 EL)	Kokosblütensirup
100 ml	pflanzliche Milch
200 ml	Sprudel

TOPPING:

Obst der Saison, z. B. Äpfel, und schnell zubereitete Schokocreme

ALTERNATIVE:

Wenn du kein Buchweizenmehl magst, kannst du alternativ auch Dinkelmehl verwenden. Dinkelmehl ist nicht glutenfrei, funktioniert aber genauso gut und ist perfekt für richtig leckere Crêpes!

TIPP:

Wir lieben es, unsere Äpfel kurz in der Pfanne anzubraten. Hierfür gibst du einfach einen ganz kleinen Tropfen pflanzliches Öl in eine Pfanne und brätst die Äpfel kurz darin an. So sehen sie noch appetitlicher aus und entfalten ein süßlich-karamelliges Aroma.

ZUBEREITUNG:

1. Zunächst vermengst du das Mehl mit der Stärke. Dann rührst du den Kokosblütensirup unter. Er trägt ein wenig zur Bindung bei und gibt den Crêpes eine milde Süße.

2. Anschließend hebst du ganz sanft die pflanzliche Milch unter. Es entsteht ein geschmeidiger Teig. Zum Schluss gibst du das Mineralwasser unter Rühren hinzu. Hierbei zischt und sprudelt es ordentlich.

3. Für das Ausbacken solltest du die Pfanne gut vorheizen, sodass sie heiß genug ist. Anschließend kannst du die Hitze ein wenig reduzieren, damit die Crêpes nicht verbrennen. Dennoch darf die Pfanne nicht auskühlen.

4. Gib für jeden Crêpe eine große Kelle Teig in die Pfanne. Von beiden Seiten goldbraun ausbacken.

5. Zum Schluss gibst du die Crêpes gerollt auf einen Teller und kannst sie dann nach Belieben mit saisonalem Obst dekorieren.

INFO

Für die einfachste Schokocreme gibst du zwei EL Kokosblütensirup, einen EL Kakao und einen EL Haselnussmus in ein kleines Schälchen und verrührst sie gut miteinander. Auf Basis dieser drei Zutaten ist es die perfekte Blitzvariante und eine schnelle Alternative zu unserer leckeren Schoko-Haselnuss-Creme.

APFEL-PORRIDGE

VEGAN / GLUTENFREI / ZUCKERFREI

ZUBEREITUNGSZEIT: 10 Min.

Unser Apfel-Porridge ist eine ganz besonders fruchtige Variante und schmeckt wunderbar cremig. Es bringt eine tolle Abwechslung auf den Frühstückstisch und enthält alles, was du für einen gesunden Start in den Tag brauchst!

ZUTATEN FÜR ZWEI PERSONEN:

10 EL	grobe Haferflocken
2 EL	(gemahlene) Leinsamen, (goldene Leinsamen)
1 EL	Flohsamenschalen
1 Handvoll	Rosinen
1 EL	Zimt
250 g	Apfelmark
250 ml	(gefiltertes) Wasser
250 ml	pflanzliche Milch, z. B. Hafermilch

TOPPING:

	karamellisierte Apfelspalten
	Walnüsse
	Anis
etwas	pures Vanillepulver

ZUBEREITUNG:

1. Zunächst gibst du alle trockenen Zutaten in einen großen Topf und verrührst sie gut miteinander. Dann gibst du das Wasser, die Hafermilch und das Apfelmark hinzu und rührst sie unter, bis ein recht flüssiger Brei entsteht.

2. Jetzt kannst du das Porridge auf den Herd stellen und es unter Rühren zum Blubbern bringen, bis es die perfekte Konsistenz erreicht hat.

3. Nun füllst du es in zwei Schalen und kannst es dann mit leckeren Toppings dekorieren. Ich mag auf meinem Apfel-Porridge am liebsten karamellisierte Apfelspalten: Hierfür kannst du einfach ein paar Apfelspalten in einer Pfanne mit etwas Öl anbraten und anschließend mit einem Esslöffel Ahornsirup ablöschen. Dazu gibt es dann passend Walnüsse, etwas Vanille und Anis. Doch du kannst dein Porridge beliebig dekorieren.

INFO

Achte beim Apfelmus darauf, dass es keinen Zucker enthält. Optimalerweise bereitest du es selbst zu. Apfelmus ist von Natur aus sehr süß und verleiht deinem Porridge so einen sehr aromatischen Geschmack!

BANANENBROT

VEGAN / GLUTENFREI / ZUCKERFREI

ZUBEREITUNGSZEIT: 7 Min.
BACKZEIT: 40 Min.

Ein Bananenbrot darf natürlich auf der Liste für unsere Frühstücksrezepte nicht fehlen! Es ist superschnell zubereitet und absolut gelingsicher! Wenn du noch ein paar überreife Bananen parat hast, die schon richtig braun sind, dann ist dieses Rezept perfekt! Besonders für unterwegs ist das Bananenbrot perfekt – man kann wunderbar eine Scheibe in einer Dose mitnehmen!

ZUTATEN FÜR EINE KASTENFORM:

200 g	Haferflocken
20 g (2 EL)	Leinsamen
20 g (2 EL)	Kakao
5	Datteln
1 Prise	Zimt
3	reife Bananen
120 ml	pflanzliche Milch
10 g (1 EL)	Kokosöl

TOPPING:

2	Bananen
etwas	Mandelsplitter

ALTERNATIVE:

Du kannst für dein Bananenbrot anstatt Haferflocken auch jedes andere „traditionelle" Mehl verwenden wie z. B. Dinkelvollkornmehl. Das Bananenbrot ist sehr geduldig – die Bananen sorgen für eine richtig tolle Bindung. Besonders wenn du Mehle aufbrauchen möchtest, kannst du sie als Reste für dieses Rezept verwerten – gern auch Mehlmischungen, das Bananenbrot nimmt alles dankbar an!

ZUBEREITUNG:

1. Zunächst gibst du die Haferflocken und auch die Leinsamen in die Küchenmaschine und mixt, bis ein Mehl entsteht. Das ist die Basis für das Bananenbrot.

2. Anschließend die Bananen, die Datteln, Zimt und Kakao hinzugeben und alles zu einer homogenen Masse vermixen. Es entsteht dabei ein richtiger Klumpen in der Küchenmaschine. Zum Schluss gibst du die pflanzliche Milch und das Öl hinzu und mischt noch einmal, bis ein cremiger Teig entsteht.

3. Diesen gibst du nun in eine leicht gefettete Kastenform. Die zwei zusätzlichen Bananen schneidest du der Länge nach auf und drückst sie leicht oben in den Teig. Zusätzlich kannst du noch ein paar Mandelsplitter als Topping nehmen.

4. Das Brot wird dann im vorgeheizten Ofen bei ca. 180° C für 40 Min. gebacken.

5. Nun lässt du es noch kurz auskühlen und kannst es dann genießen. Es hält sich (am besten gekühlt!) für wenige Tage.

INFO

Dieses Rezept kommt ohne Zucker oder Zuckeralternativen aus und schmeckt dennoch so köstlich! Die Bananen süßen auf natürliche Weise. Man kann das Bananenbrot pur genießen oder auch bestreichen, z. B. mit Nussmus oder unserer leckeren Schoko-Haselnuss-Creme (siehe Seite 66).

ERDBEER-CHEESECAKE-SMOOTHIE-BOWL

VEGAN / ZUCKERFREI / ÖLFREI / GLUTENFREI

ZUBEREITUNGSZEIT: 5 Min.

Supernahrhaft und vitalstoffreich, schnell gemacht und auch komplett zuckerfrei zubereitet schmecken sie von Natur aus so süß. So lässt eine gesunde Smoothie-Bowl ein Marmeladenbrot ziemlich alt aussehen – denn von Verzicht ist hier keine Spur!

ZUTATEN FÜR 2 GLÄSER:

2	Bananen
250 g	Erdbeeren
20 g (2 EL)	(veganer) Frischkäse
etwas	Vanille
30 ml	pflanzliche Milch, z. B. Mandeldrink
1 Spritzer	Zitrone

TIPP:

Die Basis für unsere leckeren Smoothie-Bowls sind Obst: Bananen und Erdbeeren. Wenn du diese klein schneidest und über Nacht ins Gefrierfach gibst, werden deine Smoothie-Bowls extra cremig und frisch und erinnern ein bisschen an Eiscreme!

Für die Zubereitung deiner Smoothie-Bowls kannst du eine Küchenmaschine mit Schneidemessern oder einen leistungsstarken Mixer verwenden. Besonders gefrorenes Obst lässt sich damit am besten verarbeiten.

ZUBEREITUNG:

1. Gib zunächst alle Zutaten für die Bowl in eine Küchenmaschine bzw. in einen leistungsstarken Mixer.

2. Verarbeite diese, bis eine cremige, homogene Konsistenz entsteht.

3. Fülle die Creme in eine Schale und streiche sie glatt.

4. Dann kannst du deine Smoothie-Bowl nach Lust und Laune dekorieren! Der Fantasie sind hier keine Grenzen gesetzt!

OBST UND GEMÜSE SIND UNERLÄSSLICH FÜR DIE GESUNDHEIT

Mit dem Verzicht auf Zucker förderst du deine Gesundheit in einem höheren Maße, als es die meisten Menschen bereit sind zu tun. Wenn du ungesunde Lebensmittel aus deiner Ernährung streichst, kannst du dafür sorgen, dass dein Körper mehr Leistung bringt oder du seltener krank wirst. Dafür braucht es aber auch jede Menge Vitamine, Mineralstoffe und Spurenelemente. Diese bekommst du am besten durch eine gesunde Ernährungsweise mit einem hohen Anteil an Obst und Gemüse. Sowohl Obst als auch Gemüse enthalten viele Ballaststoffe, die besonders wichtig sind für eine geregelte Verdauung.

Obst und Gemüse haben einen enormen Einfluss auf unser Wohlbefinden und unsere Vitalität. Hierbei spielen ihre Farben eine große Rolle. Merke dir die Faustregel:

Je bunter der Teller, desto besser die Nährstoffversorgung.

OBST

Obst nennt man die roh essbaren Früchte von Stauden, Bäumen oder Sträuchern. Unterteilt werden sie in Kern-, Stein-, Beeren-, Schalenobst, exotische Früchte sowie klassische Südfrüchte.

Obst enthält viele wichtige Vitamine, wie z. B. Vitamin C. Besonders in Sanddorn und schwarzen Johannisbeeren steckt viel davon. Das hierzulange beliebteste Obst ist wohl der Apfel. Auch er enthält Vitamin C – der Gehalt ist jedoch je nach Sorte ganz verschieden.

Obst liefert uns außerdem wertvolle sekundäre Pflanzenstoffe. Diese Stoffe sorgen für Farbe, Duft oder Aroma in den Pflanzen. Sie sollen entweder Insekten anlocken oder Feinde abwehren. Einige bekannte Vertreter sind die Carotinoide, Flavonoide, Sulfide und Phenolsäuren. Im menschlichen Körper wirken sie als Antioxidantien und bekämpfen freie Radikale.

Diese freien Radikale entstehen zum Teil von selbst bei Stoffwechselprozessen oder können durch schädliche Einflüsse wie Rauchen, Stress, UV-Strahlung oder Umweltgifte verursacht werden. Häufen sie sich im Körper an, kann dies zu Krankheiten wie Krebs oder einer schnelleren Alterung führen.

Obst ist eine perfekte gesunde Süßigkeit aus der Natur, die dich zusätzlich mit vielen gesunden Inhaltsstoffen versorgt.

GEMÜSE

Bei Gemüse handelt es sich um essbare Blätter, Knollen, Wurzeln oder Stängel einer Pflanze. Häufig wird dabei die gesamte Pflanze gegessen und muss im nächsten Jahr neu ausgesät werden.

Besonders förderlich für unsere Gesundheit ist der hohe Anteil an Nährstoffen in Gemüse. Außerdem enthält es viel Wasser (bis zu 95 %) und hat daher nur wenig Kalorien. Genau wie in Obst sind auch in Gemüse jede Menge sekundäre Pflanzenstoffe enthalten, die auch hier wieder antioxidativ im Körper wirken und uns vor Krankheiten schützen können.

Bei der Zubereitung solltest du auf eine schonende Art, wie Dünsten, Dämpfen oder Blanchieren, setzen. Zu langes Kochen in heißem Wasser zerstört nämlich den Großteil der Nährstoffe. Viele Sorten kannst du natürlich auch roh essen. Manchmal jedoch werden durch das Erhitzen bestimmte Nährstoffe freigesetzt, wie z. B. das Lycopin in Tomaten. Lycopin ist ein sekundärer Pflanzenstoff und wirkt antioxidativ. Andere Gemüsesorten solltest du aber niemals roh essen, wie beispielsweise Kartoffeln, grüne Bohnen oder unreife Auberginen. Sie enthalten giftige Stoffe, die beim Kochen reduziert werden.

HERZHAFTES

Auch für herzhafte Gerichte wird oft Zucker verwendet, dabei braucht man ihn gar nicht!

INFO

Tomaten werden üblicherweise im Sommer geerntet, dann sind sie auch am aromatischsten. Wenn du regionale Tomaten verwendest, wirst du eine Soße zubereiten können, die wirklich nach echten Tomaten schmeckt!

TOMATENSOßE

VEGAN / GLUTENFREI / ZUCKERFREI

ZUBEREITUNGSZEIT: 15 Min.

Ein Teller mit Pasta ist schnell gemacht und füllt den hungrigen Bauch! Einer Tomatensoße sagt man nach, dass sie Zucker benötigt, damit die Säure neutralisiert wird – das stimmt so nicht. Deswegen möchten wir dir eine zuckerfreie Variante vorstellen. Wenn du aromatische Tomaten verwendest, gelingt dir die Soße im Nu und schmeckt sehr lecker und fruchtig! Bei der Pasta hast du die Wahl – achte auf hochwertiges Getreide, das lässt deinen Blutzuckerspiegel nicht so schnell steigen!

ZUTATEN FÜR ZWEI PORTIONEN:

1	kleine Zwiebel
1	Knoblauchzehe
1 EL	Öl zum Anbraten
3 große	Tomaten
1	Paprika
300 ml	passierte Tomaten
1 EL	italienische Kräuter
	frisches Basilikum
150–200 g	Pasta

TIPP:

Je hochwertiger deine Pasta ist, desto besser ist es für deinen Blutzuckerspiegel: Klassische Weizennudeln solltest du eher vermeiden, hier ist eine Vollkornvariante, wie z. B. Dinkelvollkornnudeln, eine passende Alternative! Es gibt mittlerweile sehr viele verschiedene, auch glutenfreie Pastasorten wie z. B. auch Linsenpasta. Pasta auf Basis von Hülsenfrüchten ist nicht nur glutenfrei, sondern hat einen optimalen glykämischen Index.

ZUBEREITUNG:

1. Zunächst schneidest du die Tomaten und die Paprika in kleine Stücke und legst sie beiseite. Dann erhitzt du das Öl in einer großen Pfanne und gibst die zerkleinerte Zwiebel und den Knoblauch hinzu.

2. Wenn es zischt, kannst du das Gemüse hinzugeben und mit geschlossenem Deckel bei reduzierter Hitze vor sich hin köcheln lassen.

3. Nach etwa 5–7 Min. sollte das Gemüse gar sein. Gib nun die passierten Tomaten hinzu und lass es unter Rühren noch wenige Minuten weiter köcheln.

4. Nun gibst die Kräuter hinzu und würzt noch mit Pfeffer und Salz nach. Rühr die Soße noch einmal gut um und nimm sie dann vom Herd. Wenn du deine Tomatensoße nicht stückig möchtest, gibst du sie in einen leistungsstarken Mixer und verarbeitest sie für kurze Zeit, bis sie cremig ist.

PIZZA

VEGAN / ZUCKERFREI / OHNE ZUCKERALTERNATIVEN

ZUBEREITUNGSZEIT: 10 Min.
BACKZEIT: 15–20 Min.

Klassischerweise wird eine Pizza mit Hefe zubereitet – hierzu braucht es Zucker. Wir haben ein Rezept kreiert, das auch ohne raffinierten Zucker auskommt. Dabei schmeckt der Pizzaboden schön fluffig! Eine Pizza ist per se auch gar nicht ungesund – ganz im Gegenteil: Du kannst sie reichhaltig mit Gemüse belegen und es dir dabei richtig schmecken lassen!

ZUTATEN FÜR ½ BACKBLECH:

125 ml	lauwarmes Wasser
¼ Päckchen	Hefe
250 g	Dinkelvollkornmehl
1 TL	Xylit
1 Prise	Salz

TOPPING:

150 ml	passierte Tomaten
	Ruccola
	frische Kirschtomaten
	Oliven
1 EL	italienische Kräuter

ALTERNATIVEN:

Wenn du deine Pizza glutenfrei zubereiten möchtest, kannst du für den Pizzaboden eine glutenfreie Basismehlmischung verwenden. Damit gelingt die Zubereitung auch sehr gut!

ZUBEREITUNG:

1. Zunächst gibst du die Hefe in das lauwarme Wasser (ca. 37° C, nicht heißer). Rühr das Gemisch etwas um und lass es dann ca. 10 Min. stehen.

2. Gib das Mehl mit dem Xylit und dem Salz in eine Schüssel und vermenge alles. Dann forme eine Mulde und fülle das Hefewasser hinein. Bedecke es etwas mit dem Mehlgemisch und lass es noch 10 Min. stehen, bevor es zu einer homogenen Masse verknetet wird. Nun formst du eine Teigkugel, lässt sie in der mit einem Tuch bedeckten Schüssel und stellst sie für 30 Min. an einen warmen Ort, damit die Hefe wirken kann.

3. Anschließend rollst du den Teig auf einem mit Backpapier ausgelegten Backblech aus, bestreichst ihn mit der Sauce, streust Kräuter darüber und kannst deine Pizza dann belegen. Backe sie bei 200° C für ca. 15–20 Min.

4. Den Ruccola solltest du erst nach dem Backen auf der Pizza verteilen. Das i-Tüpfelchen sind hier frische Kräuter.

INFO

Achte beim Kauf deiner Gemüsebrühe darauf, dass kein Zucker enthalten ist. Leider wird vielen Produkten unnötiger Zucker zugesetzt. Im Bioladen findest du Alternativen, die hochwertig zubereitet werden und nur auf Basis von Gemüse der Brühe einen aromatischen Geschmack verleihen!

TOMATENSUPPE

VEGAN / GLUTENFREI / ZUCKERFREI

ZUBEREITUNGSZEIT: 15 Min.

Suppen sind schnell gemacht und ein super leckeres Mittagessen. Sie liegen nicht schwer im Magen und man kann sie sehr gut in größeren Mengen kochen! Wir lieben Suppen und möchten dir hier unser Favoritenrezept vorstellen: eine herzhafte Tomatensuppe! Dabei braucht es gar keinen Zucker und die Suppe schmeckt wirklich sehr fruchtig und lecker!

ZUTATEN FÜR VIER PORTIONEN:

1	kleine Zwiebel
1	Knoblauchzehe
etwas	Öl zum Anbraten
6	mittelgroße Tomaten
1 Dose	Tomaten in Stückchen
3–4 EL	Tomatenmark
1 EL	Kräuter nach Belieben (italienische Kräuter)
1 TL	Gemüsebrühe
etwas	Cayennepfeffer

TIPP:

Die cremige Tomatensuppe liefert ganz viele Vitalstoffe und versorgt deinen Körper mit dem, was er braucht, ohne den Blutzuckerspiegel zu beeinflussen. Wenn du dennoch etwas mehr Hunger hast, kannst du dazu noch Vollkornbrot servieren. Im Hochleistungsmixer funktioniert das Mixen am besten und die Suppe wird wunderbar cremig. Alternativ kannst du auch einen Pürierstab verwenden.

ZUBEREITUNG:

1. Zunächst werden die kleingeschnittene Zwiebel und der Knoblauch in einem Topf mit etwas Öl angebraten.

2. Wenn es zischt und sich ein angenehmes Aroma verbreitet, kannst du die kleingeschnittenen Tomaten hinzugeben und mit anbraten. Die Hitze kann dabei etwas reduziert werden, rühr zwischendurch immer mal wieder um.

3. Nach ungefähr 7 Min. sind die Tomaten weichgekocht, dann gibst du gestückelten Tomaten aus der Dose hinzu und vermengst alles miteinander.

4. Zum Schluss gibst du das Tomatenmark, die Kräuter, die Gemüsebrühe und etwas Cayennepfeffer hinzu und rührst die Suppe kräftig um. Nun sollte sie ein letztes Mal richtig aufkochen. Gib sie anschließend in einen Mixer und mixe, bis sie cremig ist. Dann kannst du die Suppe in Schalen füllen und servieren.

SALATDRESSINGS

VEGAN / GLUTENFREI / ZUCKERFREI

ZUBEREITUNGSZEIT: 7 Min.

Ein Salat ist besonders bekömmlich, wenn man ihn mit einem leckeren Dressing zubereitet. Wir haben dir hier eine Auswahl an leckeren und schnellen Dressings zusammengestellt, mit denen du deine Salate verfeinern kannst. Das bringt eine gute Abwechslung und ein ganz besonderes Aroma – dazu lassen sich auch im Dressing schon ganz viele Vitalstoffe verstecken, ganz ohne Zucker.

DRESSINGVARIANTEN:

ZUTATEN 1:

3 EL	Mandelmus
2 EL	Tamari (glutenfrei)
1 TL	Senf
3 EL	frisches Wasser

ZUTATEN 2:

2 TL	Senf
1 TL	Ahornsirup
2 TL	Öl (z. B. Sonnenblumenöl)
3 EL	Wasser

ZUTATEN 3:

3 EL	Joghurt
1 EL	Öl
1 TL	italienische Kräuter
1 EL	Wasser
1 Prise	Salz

ZUBEREITUNG:

Vermische das Dressing jeweils in einem kleinen Schälchen. Dafür reicht ein kleiner Löffel zum Verrühren aus und man braucht keine zusätzlichen Küchengeräte.

Die Dressings halten sich für einige Tage gekühlt im Kühlschrank.

TIPP:

Sei auch beim Kauf von Senf vorsichtig – denn klassischerweise wird auch vielen Senfsorten Zucker zugesetzt! Im Biomarkt oder bei ausgewählten Onlineanbietern wird man oft fündig – denn für die Zubereitung von Senf braucht es keinerlei Zucker! Alternativ kann man Senf auf Basis von Senfkörnern auch gut selbst zubereiten!

Verwende keine fertigen Dressings – sie enthalten oft unnötig zugesetzten Zucker, meist in Form von anderen Bezeichnungen, sodass man ihn versteckt gar nicht so leicht erkennt.

IN HERZHAFTEN GERICHTEN VERSTECKT SICH ZUCKER

Klassischerweise denkt man, es seien nur die Süßigkeiten, die Zucker enthalten. Doch es gibt zahlreiche herzhafte Speisen, in denen sich der Zucker einfach untergemogelt hat und in traditionellen Rezepten nicht darauf verzichtet wird. Sei hier besonders vorsichtig! In jedem Fall gilt: Wenn du selbst kochst, weißt du, welche Zutaten enthalten sind, und kannst so die Zuckerfallen umgehen!

1. GERICHTE MIT TOMATEN

In vielen Haushalten werden Gerichte mit Tomaten wie z. B. Tomatensuppe und Tomatensoße mit Zucker zubereitet. Der ist hier total überflüssig! In unseren Rezepten siehst du, dass man auf Basis von frischen Tomaten ganz einfach eine Tomatensoße oder -suppe zubereiten kann, die wunderbar fruchtig und aromatisch schmeckt!

2. FERTIGE SALATE

Manchmal muss es schnell gehen – und man denkt, man gönnt sich etwas Gesundes! Dabei sind fertige Salate wahre Zuckerfallen.

Ein Blick auf die Zutatenliste lohnt sich! So kann man auf unnötigen Zucker und zahlreiche sonstige Zusätze verzichten. Zucker hat nichts in einem Kartoffelsalat, aber auch nichts in einem Dressing verloren!

3. GEFÜLLTE NUDELN

Nicht alles kann man selbst machen und manchmal muss es einfach schnell gehen. So sind z. B. fertige Nudeln wie Tortelloni etwas aufwendiger in der Zubereitung. Hier ist ein Blick auf die Zutatenliste viel wert! In einem Nudelgericht hat Zucker nichts verloren! Wenn du Nudeln in einem Restaurant bestellst, frag lieber kurz nach!

4. ROTKOHL

Rotkohl ist eine wahre Zuckerbombe! Besonders in fertigen Gläsern ist viel unnötiger Zucker enthalten, doch auch traditionelle Rezepte geben vor, dass es für die Zubereitung Zucker braucht! Wenn du das farbenfrohe Gemüse gesund genießen möchte, bereite es dir selbst zu: mit Äpfeln und z. B. Ahornsirup.

5. HEFE

Gerichte mit Hefe sind eine Besonderheit. Denn leider braucht Hefe Zucker „als Nahrung", sodass der Teig gut aufgehen kann. Hier kann man dennoch auf die Zuckeralternativen setzen. Unsere Erfahrung zeigt, dass sich z. B. ein Weizenmehl klassischerweise besser für einen Hefeteig eignet, da der Teig so viel besser aufgeht. Je unverarbeiteter das Mehl ist, desto schwerer hat es die Hefe. So verhält sich ein Dinkelvollkornmehl anders als Weizenmehl. Dennoch geht der Teig auf und man kann eine Pizza gesund, vollwertig und vor allem ohne Zucker zubereiten.

ZUCKERMYTHEN AUFGEDECKT

Im Laufe der Zeit sind viele Gerüchte rund um gesunde Ernährung und Zucker entstanden. Einige dieser Mythen haben wir für dich genauer unter die Lupe genommen.

BRAUNER ZUCKER IST GESÜNDER ALS WEIßER

Nein. Es stimmt zwar, dass brauner Zucker etwas mehr Mineralstoffe als weißer Zucker enthält, allerdings in so geringen Mengen, dass sie zur täglichen Nährstoffversorgung keinen Beitrag leisten. Brauner Zucker stellt eigentlich ein Zwischenprodukt bei der Herstellung von weißem Zucker dar.

Er enthält noch Reste des dunklen Zuckersirups, welche ihm seine Farbe geben. Weißer Zucker wurde noch mehr gereinigt und enthält diese Reste nicht mehr. Ansonsten unterscheiden sich die beiden leicht im Geschmack. Die Kalorienmenge ist die gleiche.

ZUCKER IST WICHTIG FÜRS GEHIRN

Es stimmt zwar, dass unser Gehirn Glucose braucht, um zu funktionieren. Allerdings kann unser Körper diese Glucose auch aus anderen Lebensmitteln, wie Obst, Hülsenfrüchten oder Vollkornprodukten, gewinnen. Diese werden bei der Verdauung in ihre Einzelbestandteile zerlegt und so wird auch Glucose freigesetzt, die ins Gehirn gelangen kann.

FRUCTOSE IST SCHLECHT FÜR DIE LEBER

Es ist wahr, dass ein Überschuss an Fructose in der Leber unter anderem zu Fettsäuren abgebaut wird und diese anschließend eingelagert werden. Eine Fettleber kann die Folge sein. Allerdings muss man sehr differenzieren, aus welchen Lebensmitteln sie stammt und in welcher Menge sie gegessen wird. Beispielsweise liefern Softdrinks jede Menge Fructose, die direkt in die Leber gelangen und sie damit komplett überfordern.

Auch viele Fertigprodukte enthalten zugesetzte Fructose – häufig in Form von Maissirup, welcher in Verdacht steht, Übergewicht zu verursachen. Der Aufdruck „mit Fruchtzucker gesüßt" deutet auf keine gesunde Alternative hin.

Anders sieht das beim Obst aus. Hier ist die Fructose an Ballaststoffe gebunden. Diese Verbindung muss während des Verdauungsprozesses erst aufgespalten werden. Somit gelangt Fructose nach und nach sehr langsam in die Leber. Außerdem ist der Fructosegehalt vieler Obstsorten so gering, dass man sehr große Mengen essen müsste, um einen kritischen Wert zu erreichen. Besonders fructosearmes Obst sind übrigens Melonen und Beeren jeder Art.

In Fruchtsäften dagegen ist die Ballaststoff-Fructose-Verbindung bereits durchbrochen, weshalb auch hier die Fructose direkt in die Leber gelangt.

Generell ist der Zuckergehalt in Säften sehr hoch. Deswegen solltest du diese besser vermeiden. Vorsicht ist auch geboten vor den neuen Obstzüchtungen, wie die Super-Sweet-Ananas, kernlose Trauben und kernlose Wassermelonen. Diese Obstsorten wurden auf einen höchstmöglichen Zuckergehalt hin gezüchtet.

EINE GUTE TOMATENSOßE BRAUCHT ZUCKER

Häufig wird in Tomatensoßen eine Prise Zucker verwendet, um die Säure zu neutralisieren und so Geschmack reinzubringen. Es kann sonst passieren, dass Kinder die Soße nicht mögen. Denn Kinder mögen gern süße Speisen. In Italien jedoch wird eine Tomatensoße traditionell ohne Zucker zubereitet. Stattdessen wird schon bei der Auswahl der Tomaten auf eine süße Sorte zurückgegriffen. Die Soße wird anschließend schonend und für sehr lange Zeit gekocht, damit sich die Aromen der Tomate voll entfalten können.

Letztendlich ist es wieder eine Gewöhnungssache. Wenn wir schon als Kind an zu viel Zucker in unseren Speisen hatten, fällt es uns umso schwerer, davon wieder loszukommen. Aber Zucker hat in einer Tomatensoße wirklich nichts zu suchen. Bei der Zubereitung können auch hochwertige Lebensmittel wie z. B. ein Löffel Mandelmus helfen, denn auch so wird die Soße cremig und mild. Oder du gibst klein geschnittene Zwiebeln und Karotten hinzu. Diese verleihen der Soße noch mehr natürliche Süße.

KUCHEN & GEBÄCK

Wenn du selbst backst, weißt du genau, welche Zutaten enthalten sind!

SCHOKOBROWNIES

VEGAN / ZUCKERFREI

ZUBEREITUNGSZEIT: 7 Min.
BACKZEIT: 35 Min.

Brownies gehören zu unseren echten Lieblingsrezepten, denn schokoladiger geht es nicht. „Echte" Brownies sind das Gegenteil von trocken: Sie sind schön weich und richtig klantschig. Sie eignen sich perfekt für den schlimmsten Heißhunger und versorgen dich dabei mit vielen Vitalstoffen. Besonders wenn man kein gutes Händchen fürs Backen hat und viele Kuchen nicht gelingen wollen, ist das ein absolutes Erfolgsrezept: vielfach erprobt und zu 100 % gelingsicher.

ZUTATEN FÜR 8 BROWNIES:

Für die Brownies:

140 g	Apfelmus
100 g	Hafermehl
50 g (5 EL)	Kakao
200 g	Datteln (eingeweicht)
10 g (1 EL)	Kokosöl
20 g (2 EL)	Dattelsirup

Für die Schoko-Ganache:

6 EL	Kokosmilch (aus der Dose, mit dem festen Anteil)
60 g	Schokolade (Kuvertüre)

TIPP:

Wenn du kein Hafermehl parat hast, kannst du auch einfach 100 g Haferflocken im Mixer zu Mehl mahlen!

ZUBEREITUNG:

1. Zunächst gießt du das Einweichwasser der Datteln ab und gibst die Datteln dann in eine leistungsstarke Küchen maschine. Mixe sie, bis eine homogene, klebrige Masse entsteht und die Datteln komplett kleingemixt sind.

2. Dann gibst du das Hafermehl hinzu und vermengst beides miteinander. Füge anschließend die restlichen Zutaten mit in die Küchenmaschine und mixe, bis der Teig cremig ist. Diesen dann in eine mit Backpapier ausgelegte Kastenform füllen.

3. Die Brownies werden im vorgeheizten Ofen bei 180° C für ca. 35 Min. gebacken.

4. Erhitze die Schokolade im Wasserbad. Wenn sie sich verflüssigt hat, gibst du nach und nach die Kokosmilch hinzu. Anfangs ist die Masse beim Rühren noch sehr flüssig, doch dann verfestigt sie sich.

5. Die Schokocreme kannst du nun über die Brownies verteilen und sie in 8 gleichmäßige Stücke teilen.

INFO

Wir nutzen gern die Kastenform für unsere Brownies, das funktioniert sehr gut und ist einfach praktisch. Wenn du eine richtige Brownie-Form hast, kannst du diese natürlich auch nutzen!

Wenn du das Backpapier ein wenig mit den Händen zerknitterst, passt es sich sehr gut der Form an!

SALTED CARAMEL CAKE

VEGAN / GLUTENFREI / ZUCKERFREI / ÖLFREI / OHNE BACKEN

ZUBEREITUNGSZEIT: 15 Min.
IM GEFRIERFACH: ca. 2 Std.

Wir lieben „No-Bake-Cakes"! Kuchen kann man nämlich auch ganz ohne Ofen zubereiten und sie erinnern sehr an eine festliche Torte! Diese „No-Bake"-Torte ist eine unserer Klassiker. Auf Basis von Nüssen und Trockenfrüchten sind solche Torten schnell gemacht und optisch ein echter Hingucker! Und das Beste überhaupt, man mag es kaum glauben: Es ist kein bisschen Zucker enthalten!

ZUTATEN FÜR EINE FORM (Ø 17 CM):

Boden:

200 g	Datteln
100 g	Cashews
20 g (2 EL)	Kakao

Cremeschicht:

300 g	gemahlene Nüsse (Cashews / Mandeln)
ca. 200 ml	Kokosmilch (aus der Dose, mit dem festen Anteil)
10 g (2 TL)	Zimt
5 g (1 TL)	Lebkuchengewürz
1 Prise	Vanille
1 Prise	Meersalz

Schokoladen-Topping:

10 g (1 EL)	Kakao
20 g (2 EL)	Dattelsirup

TIPP:

Wenn du die Springform mit zwei schmalen Streifen Backpapier (überkreuzt) bedeckst, lässt sich die Torte anschließend besser aus der Form lösen!

ZUBEREITUNG:

1. Für den Boden zerkleinerst du Datteln in der Küchenmaschine. Anschließend gibst du Cashews und Kakao hinzu und mixt alles noch einmal, bis eine homogene, krümelige Masse entsteht. Ist sie zu trocken, kannst du noch 1–2 EL Wasser hinzugeben. Diese gibst du dann in die Springform, verteilst sie gleichmäßig und drückst sie etwas an.

2. Für die Cremeschicht gibst du alle Zutaten in eine Schüssel und vermengst sie mit einem Löffel. Die Cashews sollten schon vorher gemahlen werden. Je nach Konsistenz der Kokosmilch, brauchst du etwas mehr oder weniger Nüsse. Es soll eine eher festere Creme entstehen. Diese gibst du nun als zweite Schicht in die Springform.

3. Für das Topping gibst du den Kakao und den Dattelsirup in ein kleines Gefäß und vermengst sie. Wenn eine zähflüssige Schokocreme entsteht, verteile sie als Schokowirbel auf der Karamelltorte.

4. Anschließend stellst du die Karameltorte für mind. 3 Std. ins Gefrierfach.

INFO

Lass die Karamelltorte ungefähr eine Stunde vor dem Verzehr auftauen. Sobald du sie aus dem Gefrierfach geholt hast, kannst du sie nach Belieben noch mit Extras dekorieren, wie z. B. Zimtstangen oder Anissternen. Die Karamelltorte hält sich gekühlt für 2–3 Tage – bei uns ist sie meist auch in genau dieser Zeit vernascht!

ZITRUSTARTE

VEGAN / GLUTENFREI / ZUCKERFREI

ZUBEREITUNGSZEIT: 15 Min.
BACKZEIT: 15 Min.
AUSKÜHLEN: 2 Std.

Unsere fruchtige Zitrustarte ist eine tolle Variante, wenn es ganz schnell gehen muss und man richtig Appetit auf etwas Süßes hat! Zubereitet in Nullkommanix, überzeugt sie auch Zuckermonster – denn sie ist von Natur aus süß und lässt traditionelle Torten nicht vermissen. Sie ist reich an gesunden Vitalstoffen und sättigt auf angenehme Weise.

ZUTATEN FÜR 1 TARTE:

Für den Boden:

100 g	Mandelmehl
300 g	Datteln
10 g (1 EL)	Kakao
10 g (1 EL)	Dattelsirup
10 g (1 EL)	Kokosöl
	Saft aus einer ½ Zitrone

Für die Füllung:

600 ml	(frischer) Orangensaft
10 g (1 EL)	Dattelsirup
10 g (2 TL)	Agar-Agar
etwas	Vanille (Schote oder als Pulver)

TOPPING:

	Zitronen- /Orangen scheiben
ein paar	frische Beeren
Optional:	Anissterne

TIPP:

Am besten presst du den Orangensaft frisch, so sind keinerlei Zusätze enthalten. Orangen enthalten zwar viel Zucker, jedoch natürlichen Fruchtzucker. Dazu hat die Tarte einen hohen Anteil an Fett und Eiweiß, sodass der Blutzucker nicht so rasch in die Höhe schnellt. Alternativ kannst du auch jede andere Zitrusfrucht als Basis für den Saft der Tarte nehmen.

ZUBEREITUNG:

1. Für den Boden mixt du die Datteln, bis eine homogene Masse entsteht. Anschließend gibst du die anderen Zutaten hinzu und verarbeitest alles zu einem cremigen Teig.

2. Dann die Masse in die mit wenig Kokosöl gefettete Tarteform drücken (am Rand leicht erhöht) und den Boden im vorgeheizten Ofen bei 180° C für 15 Min. backen.

3. Für die Füllung gibst du den Orangensaft in einen Topf, rührst den Dattelsirup und die Vanille unter und erhitzt die Flüssigkeit. Wenn sie leicht beginnt zu sieden, rührst du das Agar-Agar gut unter, sodass es sich gut verteilt und auflöst. Danach sollte das Gemisch bei reduzierter Hitze nur 2 Min. weiter köcheln.

4. Anschließend gibst du die Füllung in den fertig gebackenen Tarteboden. Diese ist noch immer flüssig und verfestigt sich erst mit der Zeit.

5. Die Tarte muss für mindestens 2 Std. auskühlen. Danach kannst du sie auch in den Kühlschrank stellen.

INFO

Agar-Agar ist ein pflanzliches Bindemittel, welches man im Bioladen oder der Drogerie kaufen kann. Es ist vergleichbar mit Gelatine und sorgt für eine gute Bindung, sodass die Füllung fest wird.

GALETTE

VEGAN / ZUCKERFREI / OHNE ZUCKERALTERNATIVEN

ZUBEREITUNGSZEIT: 10 Min.
BACKZEIT: 40 Min.

Dies ist eigentlich ein herzhaftes Gebäck, das aus der Bretagne stammt und traditionell auf Basis von Buchweizen zubereitet wird. Eine süße Galette ist schnell zubereitet, ganz variabel und perfekt für den kleinen Hunger zwischendurch, als Dessert oder zum Kaffee. Sie sättigt angenehm und stillt dabei den Heißhunger auf Süßes.

ZUTATEN FÜR VIER PORTIONEN:

Für den Boden:

150 g	Dinkelvollkornmehl
5 g (1 TL)	Backpulver
10 g (1 EL)	schwarze Chiasamen
120 ml	Sonnenblumenöl
120 ml	Wasser

Für die Füllung:

1–2	Pfirsiche
10 g (1 EL)	Stärke
80 ml	zuckerfreier roter Saft oder Früchtetee
	Mandelsplitter

ALTERNATIVE:

Wir haben mit Dinkelmehl die besten Ergebnisse erzielt und die Galette ist einfach perfekt geworden. Falls du deine Galette glutenfrei zubereiten willst, kannst du anstatt des Dinkelmehls auch 150 g Buchweizenmehl und 1 EL Stärke verwenden. Das funktioniert genauso gut und die Konsistenz ähnelt sich sehr. Hier ist nur Fingerspitzengefühl gefragt: Beim Umklappen musst du sehr vorsichtig sein, damit der Teig nicht reißt.
Du kannst die Galette natürlich auch mit jedem anderen Obst befüllen.

ZUBEREITUNG:

1. Zuerst gibst du die trockenen Zutaten in eine große Schüssel und verrührst sie miteinander. Anschließend kommen Öl und Wasser hinzu. Knete den Teig und forme ihn zu einer Kugel. Lass diese dann für wenige Min. ruhen. Parallel kannst du den Pfirsich waschen und ihn in Spalten teilen.

2. Dann gibst du den Teig auf ein mit Backpapier belegtes Backblech und rollst ihn zu einem Kreis aus (Ø ca. 25 cm). In der Mitte kannst du die Pfirsichspalten zu einem Muster anordnen. Den Rand klappst du anschließend um, um die Pfirsiche einzufassen.

3. Für die Soße gibst du den Saft/Früchtetee mit der Stärke in einen Topf und erhitzt ihn. Nach kurzer Zeit blubbert er und wird zur cremigen Soße. Diese verteilst du zwischen die Pfirsichspalten. Zum Schluss werden noch Mandelspalten darüber verteilt.

4. Die Galette wird bei 180° C für 40 Min. gebacken. Du kannst sie direkt warm genießen oder auskühlen lassen. Sie sollte im Kühlschrank aufbewahrt und binnen weniger Tage verzehrt werden.

INFO

Für dieses Rezept haben wir „als Ausnahme“ roten Früchtesaft verwendet. In der Drogerie oder Biomarkt bekommst du roten Superfoodsaft wie z. B. Cranberrysaft, der reich ist an Vitalstoffen und somit eine gesunde Alternative. Hier ist normalerweise kein zusätzlicher Zucker zugesetzt. Wir nehmen ihn gern zum Backen für solche süßen Kreationen. Du kannst aber auch roten Früchtetee verwenden – der ist zu 100 % zuckerfrei.

MÖHRENKUCHEN

VEGAN / GLUTENFREI / ZUCKERFREI / ÖLFREI

ZUBEREITUNGSZEIT: 15 Min. + 5 Min. für das Topping
BACKZEIT: 40 Min.

Wir lieben Möhrenkuchen – und zwar nicht nur zu Ostern! Ein Möhrenkuchen ist grundsätzlich schon sehr gesund. Es ist so leicht, Gemüse im Kuchen zu verstecken! Und eigentlich braucht es gar keinen Zucker! Unsere gesunde Variante kommt zudem ohne tierische Produkte aus und hat einen tollen glykämischen Index. Gebacken auf Basis von Nüssen und hochwertigem Mehl, brauchst du bei dieser Kuchenkreation kein schlechtes Gewissen zu haben!

ZUTATEN FÜR EINE FORM (Ø 26 CM):

Für den Boden:

150 g	Buchweizenmehl
150 g	Hafermehl
150 g	gemahlene Haselnüsse
50 g	Kokosblütenzucker
10 g (1 EL)	Backpulver
10 g (1 EL)	Natron
10 g (1 EL)	Zimt
2	mittelgroße Möhren
150 g	Apfelmus
200 ml	pflanzliche Milch (z. B. Sojamilch)

Für das Topping (Creme):

150 g	Cashews
75 ml	Kokosmilch (mit dem festen Anteil)
	Saft einer ½ Zitrone
	gehackte Haselnüsse

TIPP:

Falls du kein Hafermehl parat hast, kannst du auch einfach 150 g Haferflocken in einen leistungsstarken Mixer geben und sie kurze Zeit mixen, sodass daraus ein Mehl entsteht.

ZUBEREITUNG:

1. Für den Teig gibst du alle trockenen Zutaten in eine große Schüssel und vermengst sie gut miteinander. Dann raspelst du die Möhren und hebst diese unter.

3. Füge nun das Apfelmus hinzu und verrühre alles miteinander. Zuletzt hebst du die pflanzliche Milch unter und es entsteht ein homogener, cremiger Teig.

4. Der Möhrenkuchen wird im vorgeheizten Ofen bei 180° C für ca. 40 Min. gebacken. Nach dem Backen muss er auskühlen.

5. Für die Creme mahlst du die Cashews in einem Mixer zu Pulver. Alternativ kannst du fertig gemahlene Mandeln verwenden. Dann rührst du die Kokosmilch unter und zum Schluss den Saft der Zitrone – und fertig ist die Creme.

6. Die Kokos-Nuss-Creme kann dann auf dem fertigen Kuchen verteilt und anschließend noch mit gehackten Haselnüssen dekoriert werden. Der Möhrenkuchen sollte bestenfalls im Kühlschrank aufbewahrt werden.

INFO

Wir verwenden für das Backen am liebsten eine Silikonform. So muss kein zusätzliches Öl zum Einfetten verwendet werden und das Backergebnis ist immer optimal. Der Möhrenkuchen löst sich nach dem Backen optimal aus der Form und bäckt nicht an. Es lohnt sich in jedem Fall immer, in eine hochwertige Silikonform zu investieren, die so vielfältig einsetzbar ist und über die Jahre nicht an Qualität verliert.

BLAUBEERKÜCHLEIN

VEGAN / ZUCKERFREI

ZUBEREITUNGSZEIT: 10 Min.
BACKZEIT: 30 Min.

Diese leckeren Küchlein sind schnell gemacht und schmecken himmlisch! Sie sind so fruchtig und alles andere als trocken – ein perfektes Rezept fürs Backen auf den letzten Drücker.

ZUTATEN FÜR 6 KÜCHLEIN:

Für den Teig:

150 g	Dinkelmehl
5 g (1 TL)	Backpulver
10 g (1 EL)	Dattelsirup
50 g	Apfelmark
20 g (2 EL)	Mandelmus
200 ml	pflanzliche Milch, z. B. Mandelmilch
100 g	gefrorene Blaubeeren

Für die Streusel:

60 g	Haferflocken
30 g (3 EL)	gemahlen Nüsse, z. B. Haselnüsse
20 g (2 EL)	Dattelsirup
20 g (2 EL)	Mandelmus

ALTERNATIVE:

Wenn du deine Küchlein glutenfrei zubereiten möchtest, kannst du das Dinkelmehl 1:1 durch Hafermehl ersetzen. Natürlich kannst du dafür auch 150 g Haferflocken in einen leistungsstarken Mixer geben und zu Mehl verarbeiten!

ZUBEREITUNG:

1. Gib alle Zutaten (außer den Blaubeeren!) in eine große Rührschüssel und vermenge sie gut miteinander.

2. Die Blaubeeren gibst du erst danach hinein, sie sollten noch gefroren sein. Sie verteilen sich gut im Teig und während des Backens verläuft dann leicht der Blaubeersaft. Das macht die Küchlein so saftig.

3. Dann gibst du den fertigen Teig in Muffinförmchen. Für die Streusel gibst du die angegebenen Zutaten in eine weitere Schüssel und verknetest sie zu Streuseln, um sie auf den Küchlein zu verteilen.

5. Nun können die Küchlein im heißen Ofen bei 180° C für ca. 25–30 Min. backen. Wenn sie an den Streuseln oben etwas dunkel werden, kannst du sie schon eher herausnehmen.

6. Lass sie noch etwas auskühlen, bevor du sie aus der Form nimmst. Der Teig ist anfangs noch etwas weich. Die Küchlein halten sich gekühlt für wenige Tage!

INFO

Wir verwenden am liebsten Muffinformen aus Silikon. Hierbei bäckt nichts an und man muss die Form auch nicht einfetten. So hat man am Ende perfekte Muffins und eben auch Küchlein. Eine Investition in gute Backformen zahlt sich langfristig doppelt und dreifach aus!

SCHOKOMUFFINS

VEGAN / GLUTENFREI / ZUCKERFREI / ÖLFREI

ZUBEREITUNGSZEIT: 5 Min.
BACKZEIT: 25 Min.

Diese leckeren Muffins sind so schnell gemacht und schmecken köstlich! Ein toller Snack für Groß und Klein – zum Kaffee am Nachmittag oder als Dessert. Hier muss man kein schlechtes Gewissen haben, denn auf Basis gesunder Zutaten sind die Schokomuffins reich an Nährstoffen und sorgen für einen gut regulierten Blutzuckerspiegel!

ZUTATEN FÜR 5–6 MUFFINS:

150 g	Hafermehl
5 g (1 TL)	Backpulver
20 g (2 EL)	Kakao
2	Bananen
20 g (2 EL)	Nussmus
200 ml	pflanzliche Milch

TOPPING:

50 g	Sojaquark
	Saft einer ½ Orange
etwas	Vanille

DEKORATION:

Orangenscheiben
Kakaobohnen

ZUBEREITUNG:

1. Gib alle Zutaten in eine Küchenmaschine und vermixe sie zu einem homogenen, cremigen Teig!
2. Anschließend gibst du den Teig in Muffinformen, die Menge reicht ungefähr für 5–6 mittelgroße Muffins.
3. Die Muffins werden nun im vorgeheizten Ofen für 25 Min. bei 180° C gebacken. Anschließend nimmst du sie aus dem Ofen und lässt sie noch etwas auskühlen, bevor du sie aus der Form löst.
4. Zum Schluss bereitest du das Topping vor. Hierfür gibst du die drei Zutaten in eine hohe Schüssel und verrührst sie gut miteinander. Anschließend verteilst du die Creme auf den Muffins und dekorierst mit geviertelten Orangenscheiben und Kakaobohnen!
5. Am besten gekühlt lagern.

INFO

Bananen eignen sich hervorragend zum Backen, sie sind ein optimales Bindemittel. So sind sie in diesem Rezept dafür verantwortlich, dass der Teig gut zusammenhält. Dazu sorgen sie für eine angenehme, natürliche Süße. Wir haben keinerlei Zuckeralternative verwendet und die Muffins schmecken von Natur aus schön süß!

ZIMTSCHNECKEN

VEGAN / ZUCKERFREI

ZUBEREITUNGSZEIT: 5 Min. Vorbereitung + 30 Min. Gehzeit + 10 Min. Zubereitung
BACKZEIT: 30 Min.

Dieses ist tatsächlich unser anspruchsvollstes Rezept – denn Hefe hat es in sich! Wenn du unsere Tipps & Tricks beachtest, wirst du auch gleich leckere Zimtschnecken aus deinem Ofen holen können. Sie sind vegan und ohne raffinierten Zucker, mit hochwertigem Dinkelvollkornmehl gebacken, richtig fluffig und superlecker!

ZUTATEN FÜR 7–8 SCHNECKEN:

275 ml	pflanzliche Milch
60 g	Kokosöl
30 g (3 EL)	Kokosblütenzucker
1 Päckchen	Trockenhefe
500 g	Dinkelvollkornmehl

Für die Füllung:

ca. 280 g	Apfelmus
20 g (2 EL)	Zimt

Für das weiße Creme-Topping:

100 ml	Kokosmilch (aus der Dose)
10 g (1 EL)	Mandelmehl

ZUBEREITUNG TOPPING:

Für das Topping vermischt du die Kokosmilch mit dem Mandelmehl in einem Glas. Gib die Creme kurz vor dem Verzehr direkt über die Zimtschnecken oder über jede einzelne Schnecke!

ZUBEREITUNG:

1. Gib pflanzliche Milch, Kokosöl, Kokosblütenzucker in einen Topf und erhitze das Gemisch unter Rühren, bis das Kokosöl schmilzt. Dabei sollte es nicht zu heiß werden. Lass es abkühlen, bis es 35° C hat. Dann rühre das Päckchen Hefe unter und lasse es noch 10 Min. ruhen.

2. Anschließend gibst du 500 g Dinkelvollkornmehl in eine Schüssel, um die Hefemischung unterzurühren. Knete alles zu einem homogenen Teig und forme daraus eine Kugel.

3. Gib diese auf ein mit Backpapier ausgelegtes Blech in den auf 45° C vorgeheizten Ofen. Der Teig muss 30 Min. darin ruhen. Danach rollst den Teig auf dem Backblech ca. 1 cm hoch aus .

4. Mische das Apfelmus mit dem Zimt und verteile die Masse auf dem Teig. Rolle ihn dann der Länge nach ein, sodass die Füllung nicht rausgedrückt wird. Schneide nun die Rolle in Scheiben.

5. Die Schnecken gibst du dann in eine (gefettete) Form und backst sie für 30 Min. im auf 180° C vorgeheizten Ofen.

INFO

Wenn du kein Gluten verträgst, kannst du das Dinkelvollkornmehl durch ein glutenfreies Basismehl ersetzen und zusätzlich 20 g Flohsamenschalen untermischen. Die Zubereitung ist gleich – doch hier ist Fingerspitzengefühl gefragt: Sei ganz vorsichtig beim Teig, sodass er nicht einreißt. Der Hefeteig geht nicht ganz so auf wie in Kombination mit dem Dinkelmehl, doch auch die glutenfreien Zimtschnecken schmecken wirklich köstlich!

ERDNUSSDONUTS

VEGAN / GLUTENFREI / ZUCKERFREI

VORBEREITUNGSZEIT: 5 Min. + über Nacht einweichen
ZUBEREITUNGSZEIT: 5 Min.
BACKZEIT: 30 Min.

Donuts sind so einfach gemacht – und zwar gesund und im Ofen! Denn Donuts muss man nicht fettig frittieren und mit Zuckerglasur überziehen. Dieses Rezept für die gesunden Donuts ist wirklich schnell zubereitet. Du brauchst dafür auch keine außergewöhnlichen Zutaten und der Teig kommt ohne Zucker oder Zuckeralternativen aus.

ZUTATEN FÜR 10 DONUTS:

200 g	Datteln (über Nacht in Wasser eingeweicht!)
100 ml	pflanzliche Milch (z. B. Mandelmilch)
150 g	Erdnussmus
50 g	Erdnüsse
50 g	Stärke
5 g (1 TL)	Natron

TOPPING:

100 g	zuckerfreie Schokolade als Kuvertüre
ein paar	Erdnüsse
	gepuffte Quinoapops

TIPP:

Im Onlineversand findet man praktische Donutformen aus Silikon. Damit gelingen die Donuts problemlos. Nicht alle Formen sind automatisch gut verarbeitet. Wie immer lohnt es sich, in gute, hochwertige Formen zu investieren. Gegebenenfalls solltest du deine Form vor dem Backen etwas mit Öl ausstreichen, damit die Donuts nicht anbacken.

ZUBEREITUNG:

1. Zuerst die Erdnüsse in einen leistungsstarken Mixer zu Mehl verarbeiten. Das ist die Basis für deinen Teig. Die Datteln gießt du ab.
2. Anschließend gibst du alle Zutaten in eine Küchenmaschine und vermixt sie zu einem cremigen, homogenen Teig.
3. Diesen füllst du in Donutformen. Dann werden sie im Ofen bei 180° C für 20–25 Min. gebacken.
4. Nun sollten sie noch etwas auskühlen, damit du sie aus der Form lösen und noch mit Kuvertüre überziehen kannst. Hierfür erwärmst du die Schokolade im Wasserbad. Verwende am besten eine Schale mit großem Durchmesser. So kannst du die Donuts kopfüber darin eintauchen und sie sind gleichmäßig mit Schokolade überzogen.
5. Zum Schluss dekorierst du die Donuts noch mit Erdnüssen und gepufften Quinoapops.

INFO

Wenn du keinen leistungsstarken Mixer hast, um die Erdnüsse zu verarbeiten, kannst du natürlich auch andere, bereits gemahlene Nüsse verwenden, wie z. B. gemahlene Haselnüsse.

VEGANER KÄSEKUCHEN

VEGAN / GLUTENFREI / ZUCKERFREI

ZUBEREITUNGSZEIT: 10 Min.
BACKZEIT: 45 Min.

Dieser Cheesecake ist ebenfalls einer unserer Favoriten! Er kommt einem traditionellen „Käsekuchen" sehr nah und ist dabei noch gesund: ganz vegan, ohne Milchprodukte, ohne Eier und natürlich auch ohne Zucker – und dabei so lecker und cremig.

ZUTATEN FÜR EINE FORM (Ø 17 CM):

Für den Boden:

200 g	Haferflocken
60 g (2 EL)	pflanzliche Margarine
10 g (1 EL)	Ahornsirup

Für die „Käseschicht":

500 g	Natur-Sojajoghurt
30 g (3 EL)	Stärke
20 g (2 EL)	Ahornsirup

TOPPING:

150 g	gefrorene Himbeeren
Optional:	ein paar Himbeeren

ZUBEREITUNG:

1. Vermenge alle Zutaten für den Boden miteinander und drücke sie als Boden in die leicht gefettete Springform. Die Margarine sollte bereits Zimmertemperatur haben oder im besten Fall etwas flüssig sein!

2. Für die Cremeschicht werden nun alle Zutaten in eine weitere Schüssel gegeben und miteinander vermengt. Hierfür verwendet du am besten ein Handrührgerät – denn damit können sich die Zutaten gut verbinden und es entstehen keine Klümpchen. Dann kann die Käsecreme als zweite Schicht in die Form gegeben werden.

3. Backe nun den Käsekuchen im vorgeheizten Ofen bei 180° C für ca. 45 Min.

4. Als Topping eignen sich ganz simpel gefrorene Himbeeren: Diese gibst du in einen kleinen Topf und erhitzt sie leicht. Daraus wird eine tolle Himbeercreme. Anschließend verteilst du sie auf dem fertigen Kuchen.

INFO

Klassischerweise wird ein Käsekuchen natürlich nicht mit Himbeeren überdeckt – doch mal ehrlich: Das Auge isst immer mit, und so sieht der Kuchen noch viel schöner aus. Dazu ist es immer eine gute Idee, Obst in das süße Gebäck zu integrieren: Insbesondere Himbeeren haben einen sehr niedrigen glykämischen Index und sind dennoch zuckersüß!

SCHOKOKUCHEN

VEGAN / ZUCKERFREI

ZUBEREITUNGSZEIT: 10 Min.
BACKZEIT: 40 Min.

Dieser Schokokuchen ist schnell zubereitet und eine echte Bombe – denn mehr Schokolade geht nicht! Eigentlich ist es ein Triple-Chocolate-Kuchen, und gesund ist er obendrein! Schokolade sorgt für die Ausschüttung von Endorphinen und gute Laune und enthält so gute Inhaltstoffe wie Flavonoide und Antioxidantien – zumindest, wenn man nicht auf eine Milchschokolade zurückgreift, die sehr viel Zucker enthält.

ZUTATEN FÜR EINE FORM (Ø 26 CM):

30 g (3 EL)	gemahlene Leinsamen
100 g	gemahlene Mandeln
200 g	Dinkelmehl
5 g (1 TL)	Backpulver
20 g (2 EL)	Kakao
50 g (5 EL)	Dattelsirup
75 ml	Öl
200 g	Joghurt
250 ml	pflanzliche Milch (z. B. Mandelmilch)
100 g	Schokolade

TOPPING:

80 g	Schokolade als Kuvertüre
	getrocknete Beeren, z. B. Cranberries

ALTERNATIVE:

Wenn du deinen Schokokuchen glutenfrei zubereiten möchtest, kannst du anstatt des Dinkelmehls 200 g Hafermehl oder gemahlene Haferflocken verwenden!

ZUBEREITUNG:

1. Zunächst gibst du die trockenen Zutaten für den Teig in eine große Schüssel und vermengst sie miteinander. Das ist die Basis für den Teig. Anschließend gibst du nach und nach die „flüssigen" Zutaten hinzu und rührst daraus einen cremigen Teig.

2. Erhitze die Schokolade im Wasserbad. Wenn sie sich vollständig verflüssigt hat, rührst du sie mit unter den Teig. Dadurch wird der Kuchen noch schokoladiger!

3. Den Teig gibst du nun in eine runde Springform und bäckst den Kuchen im vorgeheizten Ofen 40 Min. bei 180° C!

4. Anschließend holst du den Kuchen aus dem Ofen und lässt ihn zunächst etwas auskühlen. Zum Schluss kannst du ihn noch mit Kuvertüre überziehen: Hierfür erhitzt du die Schokolade im Wasserbad und gibst sie dann über den Kuchen. Die getrockneten Beeren werden auf dem Kuchen verteilt.

INFO

Wenn du keine Silikonform verwenden solltest, fette deine Form vor dem Backen mit etwas Öl ein.

UPSIDE-DOWN-KUCHEN

VEGAN / GLUTENFREI / ZUCKERFREI

ZUBEREITUNGSZEIT: 10 Min.
BACKZEIT: 40–45 Min.

Ein Upside-down-Kuchen ist ein Kuchen, den man einfach mal umdreht – der sieht dann nämlich richtig schön aus und hat ein elegantes Muster. Er ist gesund zusammengestellt: ohne Zucker und Margarine. Gesunde Ballaststoffe und Joghurt sorgen für eine Sättigung. Dieser herbstliche Kuchen lässt sich in kürzester Zeit zubereiten, und auf Basis der gesunden Zutaten braucht man wirklich kein schlechtes Gewissen zu haben!

ZUTATEN FÜR EINE FORM (Ø 24 CM):

30 g (3 EL)	gemahlene Leinsamen
100 g	Mandelmehl
150 g	Dinkelmehl
10 g (1 EL)	Backpulver
10 g (1 EL)	Zimt
50 g (5 EL)	Dattelsirup
50 ml	Sonnenblumenöl
200 g	Natur-Sojajoghurt (ungesüßt)

TOPPING:

3 Pflaumen

ALTERNATIVE:

Wenn du deinen Upside-down-Kuchen glutenfrei zubereiten möchtest, kannst du anstatt des Dinkelmehls 150 g glutenfreies universales Mehl verwenden. Das bekommst du im Bioladen oder alternativ auch in Drogerien!

ZUBEREITUNG:

1. Zunächst gibst du alle trockenen Zutaten in eine große Schüssel und vermengst sie miteinander. Dann fügst du nacheinander die flüssigen Zutaten unter Rühren hinzu. Es entsteht mit der Zeit ein eher zäher Teig.

3. Die Springform an den Rändern etwas einfetten und den Ofen auf 180° C vorheizen. Dann schneidest du die Pflaumen in Scheiben und verteilst sie auf dem Boden der Springform.

5. Anschließend gibst du den Teig in die Springform und bedeckst die Pflaumen. Dabei solltest du etwas vorsichtig sein, damit die Pflaumen nicht verrutschen.

6. Der Kuchen wird nun bei 180° C für ca. 40–45 Min. im Ofen gebacken.

7. Nach kurzer Zeit kann er gestürzt werden. Die Pflaumen zeigen dann nach oben und dein „Upside-down-Kuchen“ ist fertig.

8. Bestäube den Kuchen nun noch mit etwas Zimt.

INFO

Einen Upside-down-Kuchen kannst du prinzipiell mit jedem Obst backen! Besonders gut eignen sich auch Orangen – das sieht toll aus und schmeckt herrlich frisch und saftig!

FEIGEN-CRUMBLE

VEGAN / GLUTENFREI / ZUCKERFREI

ZUBEREITUNGSZEIT: 10 Min.
BACKZEIT: 10–25 Min.

Wer Streusel mag, der liebt auch Crumble! Der Begriff ist wahrscheinlich noch ziemlich neu – wir lieben Crumble! Übersetzt heißt es einfach „Streusel", und Streusel sind hier wirklich Programm! Denn ein Crumble ist leckeres Obstkompott, überbacken mit ganz viel Streuseln – und dabei noch gesund! Denn Streuseln kann man auch gut ohne Zucker zubereiten.

ZUTATEN FÜR EINE FORM (Ø 21 CM):

100 g	Hafermehl
100 g	Mandelmehl
50 g	Stärke
5 g (1 TL)	Zimt
50 g	Ahornsirup
80 g	Kokosöl (Zimmertemperatur)
5–6	frische Feigen

ANMERKUNG:

Du kannst für den Crumble grundsätzlich jede beliebige Form verwenden: Tarteformen, Quicheformen, alternativ auch eine Kasten- oder Springform usw. Wichtig ist, dass sie feuerfest ist!

ZUBEREITUNG:

1. Zuerst gibst du alle Zutaten (außer den Feigen) in eine große Schüssel. Dann verknetest du die Zutaten miteinander, es entsteht ein krümeliger fester Teig.

2. Nun wäschst du die Feigen und schneidest sie klein. Je nach Größe deiner Form könntest du mehr oder weniger benötigen.

3. Dann gibst du die Feigen in die Form. Du musst die Form hierfür nicht einfetten. Wenn der Boden gleichmäßig mit den Feigen bedeckt ist, kannst du die Streusel darauf verteilen.

4. Nun wird der Crumble bei 175° C für ca. 20–25 Min. im vorgeheizten Ofen gebacken. Wenn die Streusel goldbraun sind und du an den Seiten siehst, dass die Feigen so durchgebacken sind, dass der rote Fruchtsaft an den Seiten anfängt zu blubbern, ist der Crumble fertig.

INFO

Ein Crumble schmeckt wirklich zu jeder Jahreszeit! Du kannst ihn direkt warm genießen oder auch vor dem Verzehr etwas abkühlen lassen. Ein perfektes Topping ist übrigens Eiscreme – falls du noch eine Kugel im Gefrierfach hast, gib sie einfach auf den Crumble. Leider gibt es nicht so viele zuckerfreie Eissorten, doch ein Sorbet z. B. lässt sich wunderbar selbst zubereiten. Alternativ kannst du natürlich auch eine großzügige Kugel unserer leckeren Nicecream nehmen (Seite 48)!

RHABARBERKUCHEN

VEGAN / ZUCKERFREI

ZUBEREITUNGSZEIT: 10 Min.
BACKZEIT: 50 Min.

Auch Gemüse kann man gut im Kuchen verstecken: Dieser leckere Rhabarberkuchen ist eine echte Versuchung! Auch ganz ohne Zucker schmeckt er so süß und die knusprigen Streusel darauf machen ihn zu etwas ganz Besonderem! Die Himbeeren geben dem Rhabarberkuchen eine zusätzliche fruchtige Note. Himbeeren haben einen niedrigen glykämischen Index, sodass dein Blutzucker nicht so schnell ansteigt.

ZUTATEN FÜR EINE FORM (Ø 21 CM):

Boden:

30 g	Leinsamen (gemahlen)
125 g	gemahlene Cashews
175 g	Dinkelvollkornmehl
10 g	Backpulver
50 g	Dattelsirup
50 ml	Öl
225 g	Natur-Sojajoghurt
25 ml	pflanzliche Milch

FÜLLUNG:

1–2 Stangen	Rhabarber
1 Handvoll	gefrorene Himbeeren

Streusel:

20 g	Dinkelvollkornmehl
20 g	Xylit
20 g	Margarine
20 g	Granola

ANMERKUNG:

Diesen leckeren Streuselkuchen kannst du natürlich nicht nur mit Rhabarber, sondern auch mit Obst wie z. B. Pflaumen, Äpfeln belegen. Die Zutaten ergeben ein perfektes Basisrezept für einen gesunden, zuckerfreien Streuselkuchen!

ZUBEREITUNG:

1. Zunächst vermengst du alle trockenen Zutaten für den Teig in einer Schüssel. Gib die anderen Zutaten hinzu und rühre, bis ein cremiger Teig entsteht. Nun gibst du den Teig in die leicht gefettete Springform.

2. Anschließend kannst du den Kuchen mit dem geschälten Rhabarber bedecken. Dazwischen kannst du ein paar Himbeeren verstecken.

3. Für die Streusel gibst du alle Zutaten in eine kleine Schüssel und verknetest sie miteinander, dann gibst du sie als Brocken auf den Kuchen.

4. Nun bäckst du den Kuchen bei 180° C für 50 Min. im vorgeheizten Ofen. Lass ihn kurz auskühlen, dann kannst du ihn genießen!

GETRÄNKE

Ball
MASON

GESUNDER KAKAO

ZUBEREITUNGSZEIT: 7 Min.

Besonders zum Frühstück, aber auch über den Tag verteilt, lassen wir es uns so richtig gut gehen: und zwar mit leckeren Getränken! Kakao und Co. kann man sich ganz leicht selbst zubereiten: ohne Zucker oder sonstige Zusätze! Hier findest du tolle Alternativen zum Kaffee: gesund und reich an Vitalstoffen. Sie sind auch perfekt für den Heißhunger zwischendurch, wenn man Lust auf Süßes hat.

ZUTATEN FÜR 1 TASSE:

1 TL	Kakaopulver (Backkakao)
1 Prise	Zimt
100 ml	kochendes Wasser
100 ml	pflanzliche Milch (geschäumt)

ZUBEREITUNG:

1. Gib den Kakao in einen Becher. Gieße das kochende Wasser dazu und rühre einmal kräftig um.
2. Gib die geschäumte pflanzliche Milch hinzu und genieße es warm.

MATCHA LATTE

ZUBEREITUNGSZEIT: 7 Min.

ZUTATEN FÜR 1 GLAS:

½ TL	Matcha
100 ml	heißes Wasser (nicht kochend)
100 ml	pflanzliche Milch

ZUBEREITUNG:

1. Gib das Matchapulver in ein Glas, gieße das heiße Wasser hinzu und rühre mit einem Matchabesen gut um. Gib dann die pflanzliche geschäumte Milch hinzu: Fertig ist dein Matcha Latte!

INFO

Diese pflanzlichen Milchsorten schäumen sich am besten:
– Baristamilch (auf Basis von Hafer- und Sojamilch)
– Sojamilch (klassisch)
– Hafermilch
– Mandelmilch

KURKUMA LATTE

ZUBEREITUNGSZEIT: 7 Min.

Alternativ kannst du deine „Milch" auch selbst zubereiten. Die Zubereitung dafür findest du auf Seite 64. Da Hafermilch bei der Herstellung Enzyme zugesetzt werden, die dann einen Teil der Stärke in Zucker umwandeln, zeigen die Nährwertangaben einer gekauften Hafermilch, dass Zucker enthalten ist. Sie schmeckt daher auch sehr süßlich.

ZUTATEN FÜR 1 GLAS:

5 g (1 TL)	Kurkuma als Pulver
1 Prise	Zimt
1 Prise	schwarzer Pfeffer
100 ml	kochendes Wasser
100 ml	pflanzliche Milch (geschäumt)

ZUBEREITUNG:

1. Gib die Gewürze in ein Glas. Gieße das kochende Wasser dazu und rühre kräftig um.
2. Gib die geschäumte pflanzliche Milch hinzu und fertig ist das leckere Superfood-Getränk.

CHAI LATTE

ZUBEREITUNGSZEIT: 7 Min.

Chai Latte ist ein sehr traditionelles Getränk aus Indien. Dort wird er klassischerweise mit Kuhmilch & (viel) Honig zubereitet. Die Idee der Zubereitung stammt aus dem Ayurveda. Jedes einzelne Gewürz hat eine besondere Wirkung. So wirkt Zimt beispielsweise blutzuckerregulierend und ist somit perfekt, wenn man auf Zucker verzichten möchte.

Eine Gewürzmischung für einen Chai Tee kann man sich gut selbst mischen, oder findet alternativ fertige Mischungen mit allen enthaltenen Gewürzen. Chai Tee wird zumeist auf Basis von Schwarz- oder Rooibostee zubereitet und mit folgenden Gewürzen verfeinert: Zimt, Anis, Kardamom, Nelken, Pfeffer, Ingwer und Fenchel.

ZUBEREITUNG:

1. Gieße den Tee auf und lass ihn 5–6 Min. ziehen. Gib anschließend 100 ml geschäumte Milch hinzu. Du kannst ihn mit etwas Ahornsirup süßen. Wir trinken ihn gern pur.

INFO

In diesem Smoothie verstecken sich zahlreiche Superfoods. Sie versorgen dich mit Antioxidantien & Vitalstoffen. Das Lúcumapulver ist eine Besonderheit: Es schmeckt nicht nur angenehm süß und macht den Smoothie schön cremig, sondern sorgt auch dafür, dass dein Blutzucker nicht so schnell ansteigt!

ROTE-BETE-SMOOTHIE

VEGAN / GLUTENFREI / ZUCKERFREI

ZUBEREITUNGSZEIT: 7 Min.

Der Rote-Bete-Smoothie klingt im ersten Moment super gesund – und das ist er auch! Doch dazu schmeckt er unheimlich süß und fruchtig. Er ist eine tolle Kombination aus Obst und Gemüse und versorgt dich mit zahlreichen Vitalstoffen. Die enthaltenen Zutaten sorgen für einen gut regulierten Blutzuckerspiegel und lassen den Heißhunger verschwinden.

ZUTATEN FÜR 1 SMOOTHIE:

1	Knolle rote Bete (frisch)
1	Banane (reif!)
1 Handvoll	Blaubeeren (frisch oder gefroren)
1 Handvoll	Cashews
2	Datteln
250 ml	pflanzliche Milch (z. B. Kokosmilch)
optional:	
1 EL	Lúcumapulver (ein tolles Superfood!)

ANMERKUNG:

Für so einen gesunden Smoothie solltest du die frische Bete am besten pur verwenden! Diese enthält dann auch wirklich noch alle Nährstoffe. Vorgekocht, vakuumiert und verpackt hat man nicht mehr ganz so viel Kontrolle darüber. Wir kaufen rote Bete möglichst auch immer aus biologischem Anbau (wegen der Pestizide – so kann man sicher sein)!

ZUBEREITUNG:

1. Zunächst schälst du die rote Bete und schneidest sie in kleine Stücke. Ich ziehe hierfür immer meine Gummihandschuhe an – das verhindert das Einfärben der Hände. Anschließend gibst du sie in den (Hochleistungs-)Mixer.

2. Dann gibst du alle anderen Zutaten mit hinein. Du kannst im Prinzip jede pflanzliche Milch verwenden. Ich habe Kokosmilch verwendet (mit dem geringeren Fettanteil). Sie gibt dem Smoothie eine tolle süßlich-exotische Note. Wenn du kein Lúcuma parat hast oder es nicht magst, ist es nicht so wild. Ich mag es sehr gern, denn es macht den Smoothie extra süß und cremig!

3. Nun kannst du alles bei höchster Stufe gut pürieren, bis ein cremiger Smoothie entsteht. Zum Schluss in ein Glas füllen und einfach genießen!

INFO

Smoothies sind ein wunderbar gesundes Frühstück: Super nahrhaft und vitalstoffreich, schnell gemacht und auch komplett zuckerfrei zubereitet, schmecken sie von Natur aus süß. So lässt ein gesunder Smoothie ein Marmeladenbrot alt aussehen – denn von Verzicht ist hier keine Spur!

KOKOS-MANGO-SMOOTHIE

VEGAN / GLUTENFREI / ZUCKERFREI

ZUBEREITUNGSZEIT: 7 Min.

ZUTATEN FÜR 1 SMOOTHIE:

200 g	gefrorene Mango
300 ml	pflanzliche Milch, z. B. Kokosmilch
10 g (1 EL)	Kokosraspeln
200 g	Kokosjoghurt

ZUBEREITUNG:

1. Gib alle Zutaten in einen leistungsstarken Mixer und vermixe sie, bis ein cremiger Smoothie entsteht. Die Mango kann noch gut gefroren sein, praktischerweise kann man immer welche im Gefrierfach parat haben. Dann füllst du den Smoothie in ein Glas oder Schälchen.

HIMBEER-VANILLE-SMOOTHIE

VEGAN / GLUTENFREI / ZUCKERFREI

ZUBEREITUNGSZEIT: 7 Min.

ZUTATEN FÜR 1 SMOOTHIE:

200 g	gefrorene Himbeeren
1	Banane
1 Prise	Vanillepulver
100 ml	pflanzliche Milch, z. B. Mandelmilch
200 g	pflanzlicher Skyr

ZUBEREITUNG:

1. Gib alle Zutaten in einen leistungsstarken Mixer und vermixe sie, bis der Smoothie richtig cremig ist. Skyr ist sehr eiweißreich und sorgt so für eine angenehme Sättigung, der Blutzuckerspiegel steigt nicht so rasch an. Dann füllst du den Smoothie in ein Glas und er ist bereit, um genüsslich verzehrt zu werden!

NUSS-SCHOKO-SMOOTHIE

VEGAN / GLUTENFREI / ZUCKERFREI

ZUBEREITUNGSZEIT: 7 Min.

Im Biomarkt, gut sortierten Supermärkten oder Drogerien bekommt man verschiedenste Sorten Proteinpulver. Es viele Sorten zur Auswahl. Für diesen Smoothie passen besonders gut Schoko und Erdnuss. Proteinpulver ist perfekt, weil durch die enthaltenen Aminosäuren der Blutzucker nicht so rasch ansteigt, das sorgt für eine gesunde Sättigung und hält den Heißhunger gut in Schach!

ZUTATEN FÜR 1 SMOOTHIE:

2	Bananen
20 g (2 EL)	Proteinpulver
10 g (1 EL)	Kakao
20 g (2 EL)	Erdnussmus
1 Prise	Vanillepulver
300 ml	pflanzliche Milch
3	Medjooldatteln

ANMERKUNG:

Dieser Smoothie ist ein echter Energielieferant. Er enthält viele Superfoods, Aminosäuren und sättigt auf angenehme Weise.

So eignet er sich perfekt für ein Frühstück, als Snack zwischendurch oder auch nach einem Work-out.

ZUBEREITUNG:

1. Als erstes werden die Bananen geschält und klein geschnitten. Die Datteln müssen aufgeschnitten und entsteint werden.

2. Dann gibst du alle Zutaten in einen leistungsstarken Mixer und verarbeitest sie, bis der Smootnie eine cremige Konsistenz erreicht hat.

3. Zuletzt füllst du den Smoothie in ein großes Glas oder eine Schüssel und kannst ihn dir schmecken lassen! Wer mag, kann als Topping noch ein wenig Kakaopulver und ein paar Kakaobohnen drübergeben.

REZEPTREGISTER

SNACKS:

BASICS:

FRÜHSTÜCK:

HERZHAFT:

KUCHEN & GEBÄCK:

GETRÄNKE:

DANKSAGUNG

Wir möchten Danke sagen: DANKE an all die lieben Menschen, die uns für die Fertigstellung unseres ersten Buches unterstützt haben! Insbesondere euch, Sergisbel und Alex, dass ihr uns die ganze Zeit zur Seite standet. Danke kleine Emmi, dass du so fleißig unsere Kreationen gekostet hast! Wir wissen: Wenn es dir schmeckt, ist ein Rezept gelungen! Danke auch an all die anderen lieben Menschen, die uns auf unserem Weg begleitet haben: Antje, Caro, Joana, Marlena und viele mehr. Danke an dieser Stelle auch an Bianca und das Almodóvar für die Zurverfügungstellung der besten Fotolocation ever. Und Danke an das Verlagsteam für die Zusammenarbeit an diesem Buch.

Und zu guter Letzt vor allem ein großes DANKE an euch, liebe Leser: Wenn es euch nicht gäbe, hätten wir keinen Anreiz gehabt, unsere Erfahrungen in einem Buch niederzuschreiben!

MEHR SÜßES, GESUNDES, AUSGEWOGENES UND LECKERES ESSEN SOWIE TIPPS FINDEST DU BEI UNSEREN INSTAGRAM-KANÄLEN:

*@MELANIE_AURICH_*
@OHSWEETCOCO

Für uns beide war die die Zeit des Schreibens und Rezeptekreierens eine große Herausforderung, die Höhen und Tiefen mit sich gebracht hat. Wir sind daran gewachsen und freuen uns sehr, nun den ersten größeren Meilenstein gemeistert zu haben – als erste Etappe auf unserem Weg. Wir blicken auf die letzten Monate froh mit Stolz und Dankbarkeit zurück und freuen uns auf alles, was vor uns liegt!

LITERATUR

- Campbell TC, Campbell TM (2017): China Study – Pflanzenbasierte Ernährung und ihre wissenschaftliche Begründung. 4. Aufl. Bad Kötzting: Verlag Systemische Medizin.
- Elmadfa I (2019): Ernährungslehre. 4. Aufl. Stuttgart: Eugen Ulmer KG.
- Elmadfa I, Leitzmann C (2019): Ernährung des Menschen. 6. Aufl. Stuttgart: Eugen Ulmer KG.
- Greger M (2020): How Not to Die: Entdecken Sie Nahrungsmittel, die Ihr Leben verlängern – und bewiesenermaßen Krankheiten vorbeugen und heilen. 11. Aufl. Kandern: Unimedica.
- Greger M (2020): How Not to Diet: Gesund abnehmen und dauerhaft schlank bleiben dank neuester wissenschaftlich bewiesener Erkenntnisse. Köln: Bastei Lübbe.
- Horn F (2020): Biochemie des Menschen. 8. Aufl. Stuttgart: Thieme.
- Strohm D (2013): Glykämischer Index und glykämische Last – ein für die Ernährungspraxis des Gesunden relevantes Konzept? Wissenschaftliche Stellungnahme der DGE. https://www.ernaehrungs-umschau.de/fileadmin/Ernaehrungs-Umschau/pdfs/pdf_2013/01_13/EU01_2013_M026_M038.2.pdf
- WHO (2015): Guideline: Sugars intake for adults and children. Genf: World Health Organization. https://www.who.int/publications/i/item/9789241549028.

IMPRESSUM

Die Deutsche Nationalbibliothek verzeichnet diese Publikation in der Deutschen Nationalbibliografie; detaillierte bibliografische Daten sind im Internet über *http://dnb.ddb.de* abrufbar.

Gerda Castro und Melanie Aurich
EINS, ZWEI, DREI ... ZUCKERFREI!

Texte: Melanie Aurich und Gerda Castro
Fotos: Gerda Castro und Melanie Aurich, depositphoto

Gesamtherstellung: GBN TRENDS PRODUCTIONS GmbH
Redaktion / Korrektorat / Layout / Design / Satz
Neuer Höltigbaum 34, D–22143 Hamburg

Druck: GZH d.o.o. (www.gzh.hr), Zagreb

1. Auflage 2021

ISBN: 978-3-948942-05-2

Printed in Croatia

DAYLONIA
GESUND UND FIT LEBEN

Postfach 42 04 52, D–12064 Berlin
www.dayloniabooks.com